AF232835

TROIS NOVVELLES COMEDIES DE PIERRE DE LA-RIVEY, CHAMPENOIS.

A l'imitation des anciens Grecs, Latins, & modernes Italiens.

A sçauoir,
{
LA CONSTANCE,
LE FIDELLE,
ET
LES TROMPERIES.

Imprimé à Troyes,

Et se vendent à Paris.

Chez
{
La veufue Iean du Brayer,
IEAN DE BORDEAVLX,
ET
Claude De Roddes.
}
En la Cour du Palais.

M. DC. XI.

A MESSIRE

FRANÇOIS D'AMBOISE,
*cheualier, Seigneur d'Hemery,
Malnoüe & Courserain, Conseil-
ler du Roy en son Conseil d'Estat
& priué, Maistre des Requestes
Ordinaires de son hostel.*

MONSIEVR,

Me trouuant ces iours
passez auoir plus de loisir que
de coustume, pour ne demeurer trop paresseux, & affin de
mesnager le temps, me print
enuie d'agencer vn peu de liures que i'ay en mon estude,
pour plus aysément m'en ayder au besoin, & les tenant les
vns apres les autres pour les
ranger d'ordre selon mon in-

tention, ie trouuay de fortune
entre quelques brouillards &
manuscripts six petits enfans,
ie veux dire six Comedies toutes chargées de poussiere, mal
en ordre, & ayans quasi leurs
habits entierement rompus &
deschirez, dõt il me print grande compassion. Qui fut cause
que les ayant recueilliës entre
mes mains, ie les reuisite pour
sçauoir si elles n'auoient point
quelque mal qui les empeschast
de se mõstrer au monde, & n'y
trouuant rien (ce me sembloit)
qui peust offeser personne, i'ay
tasché les r'abiller le mieux qu'il
m'a esté possible, à la façõ de ce
pays pour vous les enuoyer
(moy n'ayãt icy la puissance de
les deffendre des brocards des
mesdisãs) & vous supplier bien
humblemét, puis qu'auez esté

le Parrain & protecteur de mes
six premieres, d'estre aussi Parrain & protecteur de ces six dernieres qui vous tendét les bras.
Dont en voici les trois premieres qui marchent deuant. Vous
les receurez donc s'il vous plaist
en voftre tutelle cõme pauures
desolées qu'elles font, & les
embrasserez & leur seruirez de
bouclier contre tous ceux qui
les voudroient diffamer, & faire quelque bresche à leur bonne volonté & sincere affection.
L'esperance que i'ay qu'en cet
endroit prendrez la deffense de
ces pauures enfans abandonnez & presque orfelins, me fait
vous supplier les receuoird'aussi bon cœur que ie les vous pre-
sete, & me tenir tousiours pour
Voftre affectionné & tres-humble serui-
teur à iamais. Pierre de Lariuey.

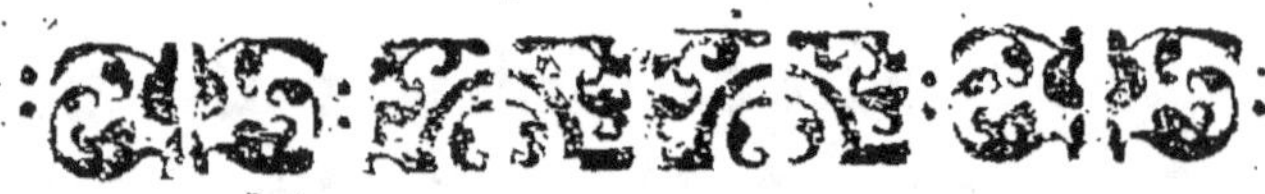

PROLOGVE.

QVand il print enuie à l'Autheur de ceste Comedie, qu'il
desire presentement, vous faire
veoir, il sembloit quasi que ce fust a
regret, pour ce qu'il luy estoit aduis
qu'elle n'estoit bien parée ny agencée
comme il desiroit, affin de vous donner, Messieurs & Dames, quelque
agreable contentemēt, encores qu'elle soit toute simple ne dreßant ses
actions qu'à la constance du nom de
laquelle il l'à voulu nommer. Ie sçay
bien que plusieurs ne prennent goust
qu'à l'antiquité dont ils font si grande estime qu'ils la logeroient volontiers au Ciel, blasmant tous ceux qui
ne les reßemblent & ne sont de leur
opinion. Autres veullent que com-

me les ^ag^res sont variables, & dif-
ferent l'vn de l'autre, & d'autant
qu'auioud'huy l'on n'vse des mesmes
choses dont l'on vsoit il y a vingt
ans : qu'ainsi les modernes Comedies
ne doiuent estre pareilles à celles qui
estoient il y a mil six cens ans passez
& plus, nostre viure n'estant pareil
au leur. Ceux-là disent qu'en Grece
ou à Rome on vsoit d'vn autre langage, d'autre façon de viure, d'autres coustumes, d'aueres loix, & ce
qui importe le plus d'vne Religion
toute contraire à la nostre Chrestienne & Catholique, & autres fi-
nalement ne s'en esloignent du tout,
encores qu'ils se soient oubliez aux
reigles, preceptes & vsage qu'ont
tenu les anciens recommandables
Comiques, qui serout tousiours pri-
sez & estimez d'vn chacun, mais
quòy qu'il en soit, il faut sur tout que

PROLOGVE.

les Comedies soient faictes pour in-
struire & encor pour donner plaisir.
Parquoy, pour reuenir à nostre propos
il est malaisé que les hommes puis-
sent faire chose qui agree à vn chacun, l'vn ayant les aureilles sourdes,
l'autre les yeux esbloüys, & cestui-
cy l'esprit esgaré en ses fantastiques
contemplations. C'est pourquoy nostre Autheur qui en cecy a voulu
imiter les Latins, les Italiens & autres Comiques tant ançiens que modernes, portera patiemment le blasme qui luy pourroit estre imputé par
aucuns qui parauenture en ce recit
penseront estre blasmez, à quoy il n'a
iamais pensé, Ie diray bien que si
quelcun à opinion n'estre vray semblable ce qui est raconté de la bonté
& fidelité des femmes & des ham-
mes introduicts es actes de la Scene,
peut estre parce que peu souuent se

trouuent des femmes ſi chaſtes & ſi-
delles , & des hommes ſi rares en
bonté. Ce neantmoins (recours aux
hiſtoires) s'en trouuent pluſieurs de
l'vn & l'autre ſexe, qui ont eſté, &
en y a encores à preſent qui ſont ſemblables aux noſtres en amour, foy, &
exemple de chaſteté. Quoy qu'il en
ſoit l'Autheur vous prie accepter ſa
bonne volonté, requerant vn chacun
prendre place, & ſe diſpoſer à entendre patiemment & ſans bruit ce que
veut commancer à dire Blaiſe qui
ſort auec le Pedant, les voicy ouurez
les oreilles & vous orrez conter
merueilles.

Les personnages de la Comedie.

BLAISE   seruiteur.
FIDENCE   pedant.
CONSTANCE ieune Dame.
SPINETE   Vefue.
BARBE   seruante.
ESPAGNOL   soldart.
FARFANIQVE son laquais.
AVRELIAN ieune homme.
GERARD   amy d'Aurelian.
MARGVERITE fille de Spinette,
SIRET   seruireur.
LEONARD   son miaftre.

Perfonnes qui interuiennent en la
Comedie fans parler.

Seruantes qui accompagnent les
Maiftreffes ou il eft befoin.
Vn Gentilhomme Bourguignon.

DE L'ACTE PREMIER.

SCENE PREMIERE.

Blaise seruiteur. Fidence pedant.
Et M. Elisabeth.

VOicy vn grand cas, cecy me
semble la plus estrange chose
du monde, depuis cinq ans que ie demeure en ceste maison. I'ay tousiours pensé que c'estoit vn sainct
Monastere : ioint que l'on ne se res-
iouïssoit en icelle nomplus en char-
nage qu'en Caresme : & maintenant
en moins de rien tout va s'en dessus
dessoubs. Si mon maistre & ma maistresse auoient des enfans ie pour-
rois croire qu'on feroit quelque mariage, & par consequent des nopces,
mais n'en ayant iamais eu, ie ne sçay
que dire. Ie m'estois soudain comme est ma coustume endormy sur le
point du iour, & commençois à son-

ger les plus doulces chofes du monde, quand ma feconde maiftreffe m'a
fait leuer en hafte pour m'enuoyer ie
ne fçay ou, h a a, h a a, ie n'ay encores les yeux bien ouuerts ny eftendu
ma lafche peau, c'eft pourquoy ie ne
fuis encores bié efueillé. Mais ie n'a-
uois pas prins garde que Monfieur
le Pedant eft fur le pas de l'huys, &
frottant fes yeux, efcoute ce que ie
dis, O lict fainct! cóbien es tu doux
à ceux qui ayát la panfe plaine, comme ie l'ay bien fouuent iouyffent de
toy fans fe foucier de chofe quelconque? fi i'eftois maiftre comme ie fuis
feruiteur, ie croy que ie ferois la plus
part du temps au lict. Et quand i'y
penfe, ho bon iour & bon an Monfieur noftre maiftre.

F.　*Non per dormire poteris ad alta ve-*
　　nire,
Sed per ftudere poteris ad alta federe.
B.　Hé, que le chancre vous vienne
auec cefte voftre fottife. N'eftes vous
pas bien aife de dormir auffi bien
comme moy? le foir vous allez cou-

cher quand les poulles vont au iouc,
& le matin vous leuez au son des es-
cuelles.

F. Ains de l'estrille puis que *tu im-
morigere* sans auoit tant soit peu de
respect à ma personne, me donnes
tous les matins l'aubade au só d'icelle chantant à gorge desployée. *Mag-
delon mon tout, mon bien, que i'ayme
bien, &c.* Mais que dis ie, tu ne me
romps pas mon somme seulement,
ainçois tu apportes vn grand em-
peschement à mes lucubrations.

B. Mais plustost culubrations sçauoir est à vos pets & vesses qui vont
couleurinant comme petits couleu-
ureaux. Et si c'estoit à moy affaire
vous ne mangeriez si meschamment
le pain d'autruy cóme vous faictes.
Ains *In sudore vultus tui* pensez vous
que ie sois vn asne?

F. Ie ne me soucie pas que tu croyes
que ie dors lors *que totis viribus litte-
rarum studiis &c.* Ne sçay tu pas que
les hommes oyseux ne prennét plaisir qu'à dormir. Ils sont comme toy

velut pecora campi.

B. Ouy, *pecora*, car vous estes de ceste confrairie, portez la banniere au
iour de la feste, & quant à l'oyſiueté,
qui eſt ce qui galle & flatte plus ſon
ventre que vous? & dequoy ſeruez
vous au monde ſinon de nombre,
d'ombre & de litiere?

F. Nos *numerus ſumus & fruges con-
ſumere nati*, voulois tu dire. Ces mots
ſe trouuent en Laurent. Vale enregi-
ſtrez au Calepin: mais ie ne veux *qui a
non decet* m'arreſter à diſputer auec
toy qui n'es qu'vne beſte. *Contra
verboſos verbis contendeoe noli.* L'aurois le courage ſi ie voulois te le
prouuer, que quand ie dors ie ſuis
plus animal raiſonnable, que quand
tu veilles & és gaillard & diſpos. Or
prend l'argument.

B. Et s'il me venoit en fantaſie vous
prouuer ou à tout le moins vous faire confeſſer que vous eſtes *Aſinus vi-
gilando & dormiendo*, que diriez vous?

F. *Abi in malam crucem furcifer*, id eſt
va au gibet meſchant que tu és, faut

il ainſi parler à vn ſemblable à moy?

B. Seigneur Fidence voſtre aſnerie
me pardónera ie me ioüe auec vous,
& ne voudrois pourtant que me fiſ-
ſiez tancer par ma maiſtreſſe. Mais
laiſſez moy aller où Madame Eliza-
beth m'enuoye, car il me ſemble que
ie la voy deuant la maiſon. A Dieu.

F. S'il m'eſtoit permis diſputer auec
toy ie te rendrois en toutes façons
plus doux qu'vn mouton. Mais *quo-
modocumque*, i'y engagerois mon honneur, pource qu'on diroit *pares cum
paribus*. Mais que dit en ſoy-meſme
la ſage Sibille?

El. En fin nous ſommes toutes femmes & toutes folles, & en nous n'eſt
aucune ſtabilité n'y aſſeurance quelconque.

F. *Varium & mutabile fœmina ſemper*,
& en françois, la femme eſt touſiours
variable & mobile de nature.

El. Et celles qui penſent eſtre les plus
ſages ſont plus folles que les autres,
Madame Conſtãce qui ne fait iamais
autre choſe que dire ſes patenoſtres,

estant au reste en toutes ses actions
tresmodeste, depuis deux iours en ça
me semble estre deuenuetoute autre.
F. *Sapientis est mutare consilium.*
El. Ces tant deuots font les chatte-
mittes affin qu'on pense qu'ils sont
saincts, mais quelques fois ils mon-
strent qu'ils sont hommes.
F. Ceste cy blasme en sa maistresse
ce qui merite estre souuerainement
loue, assauoir la religion & la bonté.
Et quand elle manqueroit en quelque chose, aucune fois le bon Home-
re ne s'endort-il pas?
El. Elle à faict nettoyer la maison &
icelle agencée en sorte qu'il semble
qu'on y doibt faire quelque grand
banquet. Et ce qui me faict le plus
esmerueiller est qu'icelle qui tient
moins conte d'elle qu'aucune autre
de ce pays s'en va tousiours toute
gaye & cointe.
F. *Quomodo latine dicimus* cointe?
El. Mais que dis-ie? Ce qui ne se fait
à temps se faict apres quand on ny
pense plus, & ce qui est permis à vn

aage est blasmé en vn autre depuis
quelque iours en ça, elle s'est plus
que iamais n'auoit faict adonnée à se
mettre en bon ordre & se tenir plus
propremét, & pourquoy? c'est qu'elle est ieune, mais cela n'importe.
F. *Quia mulier appetit placere cultu, &*
impatiens est iniuriarum. En toute façon pourtant l'homme est vn estrange animal, *semper est vbique.* Il se
plaint d'auoir trop de soin & trop
d'occupations, & au contraire comme s'il ne se contentoit de ses affaires, il se mesle de celles d'autruy.
Mais ceste-cy est fort pensiue. Or
sus puis qu'elle m'a veu c'est de mon
deuoir la saluer à la françoise, crainte
de luy faire mal au cœur par mon
elegát parler Ciceronien, Dieu vous
gard mon tres doux baiser.
El. Bon iour & bon an maistre,
vous vous estes auiourd'huy leué
bien matin. Quel miracle est-ce cy?
F. Vostre mal-apprins Blaise qui
ressemble (*vt vulgo dicitur*) au chien
du iardinier par antiquaire coustu-

me estant toufiours pour quelques affaires contraint fe leuer *fummo ma-ne*, de grand matin ne cefſe à mettre tout s'en deſſus deſſoubs iufques à ce qu'il entende que ie fuis leué: mais le voicy qui vient deça, il vaut mieux me taire, car eſtant vn animal.

E. Te voila Blaife defia de retour.

B. Ouy Madame, ie ne pouuois mieux arriuer, le Magiſter eſt auec fa maiſtreſſe Eliſabet.

E. Tu as eſté diligent.

B. Ie le veux vn peu faire eſchap-per la patience, ie ſçay que mes be-fongnes font preſtes, n'en ſçauez vous rien?

E. Non, ie n'en ſçay rien beſte chauſſée.

B. Quoy qu'il en foit, voicy le iour de Careſme prenant, faictes voſtre conte que ceſte matinée ne ſe paſſe-ra comme vous penfez, mais dictes may de grace ma chere Dame & me pardonnez.

F. Il captiue la beneuolence & s'ex-cufe *vno eodemque tempore.*

B. Doibt on demeurer toute ceste année en ce bourg.

E. On à accoustumé d'y estre quelque partie de l'an, & les iours gras passez retoutner à Troyes & y estre au moins tout le long du Caresme, & quand i'apperçoy qu'on faict son pacquet pour s'en aller, & que ie voy qu'on accommode toutes choses au village pour vn temps, il me semble que c'est pour y demeurer eternelle-ment.

B. Ie m'esmerueille de telles choses, le maistre n'estant au pays.

F. Temeraire & impudent.

B. Quoy pensez vous que ie sois sourd? ie vous prie ne me rompez point la teste, vous cherchez à ce matin.

F. Si le maistre retourne ie t'en feray bien d'autres.

B. Et d'auantage que n'estant coustumiere de perdre vn seul sermon, se peut-il faire qu'elle vueille estre tout cet an sans en ouyr aucun?

E. La plus grande partie de nous

femmes y va plus par vſage & pour faire l'vne comme l'autre, qu'en intention d'aprendre, & bien ſouuent pour autre choſe. Et qu'il ſoit vray, qu'on voye le beau fruict que nous en r'apportons. Si i'eſtois homme & euſſe vne femme ſoubs moy.

B. Que diantre feriez vous?

E. Ou pour mieux dire, ſi i'eſtois mere de famille.

B Que feriez vous par voſtre foy Dame Eliſabeth, comme vous gouuerneriez vous?

E. De la façon qu'autrefois i'ay ouy conter à vn galant homme, lequel diſnoit auec nous il y a quelques moys.

B. Le Sire Agreſte dit en ceſte façon, dequoy ſeruent vos *cuius* ne ſçachant rien dire qui puiſſe eſtre entendu d'autre que de vous? & encores Dieu vueille que ſçachiez bien ce que vous dictes

E. Maiſtre, c'eſt voſtre faute, vous l'auez ainſi bien enſeigné.

F. *Verum eſt*, & partant *patior telis*

vulnera facta meis.

E. Ie me leueroy de grand matin, &
la premiere chose que ie feroy estant
fortie du lict , ie rendroy graces à
Dieu d'auoir passé celle nuict en repos & fans danger.

B. Note bien babouyn.

F. *Patienter ferre memento.*

E.   Le suppliant apres qu'aussi il me
concede passer la iournée sans peril
& franche de tout mal.

F. *Erasmus noster in colloquio cui titu-
lus pietas puerilis.*

E.   Puis ayant ouy messe en l'Eglise
plus proche non par vne accoustu-
mance mais par deuotion, ie m'en
retourneroy en la maison pour son-
gner au gouuernement d'icelle &
des enfans , les enseignant viure en
celle forte de mesme , le soir ie rendroy grace à Dieu, le priant pour la
future nuict & pour le salut de toute
ma famille.

B.   Mon bon maistre dites la verité
ceux là n'ont ils pas bonne raison de
tenir Madame Elisabeth pour telle

qu'elle eſt? Si ie diſois ce que teſ-moigne le voiſinage de ſa ſageſſe,elle s'en faſcheroit.

F. Ouy à la verité, mais telles cho-ſes ne ſe diſent en preſence.

E. Ie ne vous entend pas.

B. Ie dy que ceſte façon de viure me plairoit beaucoup.

F. Madame ceſtui cy faict trop le compagnon auec vn chacun.

E, Bon prou vous face puis que le voulez ainſi,auec telle ſorte de gens, il ne faut pas trop ſe haſter.

F. *Ita aiunt, ab æquali enim conuerſa-tione naſcitur dignitatis contemptio.*

E. Ha, Blaiſe tu t'en ris.

B. Er qui diable ne riroit des ſotti-ſes de ceſt homme?pourſuiuez.

E. Ie n'en ay pas dict la moitié.

B. Que faut il apres?

E. Ie te le vas dire en deux mots. C'eſt qu'il faut eſtre homme de bien,

B. Comme peut-on eſtre homme de bien?

E, C'eſt comme ie croy de n'offen-ſer à eſcient perſonne, d'ayder à vn chacun selon sa puissance.

B. O cela n'est pas possible.

E. Tant y a que celuy qui s'aproche plus de ce but, est le meilleur & le gaigne, & sont toutes ces choses ay-sément executées par ceux qui ont la crainte de Dieu deuãt les yeux, ioint aussi qu'on doit auoir consideration au temps, aux lieux, aux aages, & au-tres circonstances.

F. *Talem vxorem Euripides si habuis-set, tam laudasset feminas quam vitu-perauit.*

E. De grace maistre, si vous aymez me faire plaisir laissez vne autre fois ceste vostre Pedanterie, & parlez françois, Et puis quand vous serez auec vos semblables & escoliers.

B. C'est assauoir en quelque *Ludo li-terario*, comme vous auez accoustu-mé de dire.

E. Parlez tel langage que vous vou-drez, mais non auec moy.

B. *Dic mihi cuium pecus*, estant vn lourdaut tel que vous estes. A quoy vous sert ne sçauoir sinon sanglot-

ter & cracher certaines sentences
Latines qu'auez apprinses par cœur
non à autre occasion, sinon pour faire le Quamquam?

F. *Omnes benignos reddit eruditio.*
Voicy à quoy cecy me sert que ie suis
homme & tu es beste, *hominis opes*
pulchræ sunt literæ.

E.   Cela va bien, mais toute chose
à son temps.

F. *Omnia tempus habent.* Bref, ie ne
me puis commander. Mais si n'estoit
que les bons sont mesprisez du monde & hayz & contemnez de tels côme tu es Blaise, ie veux dire ignorâs,
vous cognoistrez que ie ne suis
moins docte en la Ciceronienne,
qu'en la françoise eloquence, comme mes œuures le demonstrent. Lisez les Odes de Fidence escrites en
rime françoise, & vous verrez si ie
sçay autrement parler que Latin.
Considerez ma chere Dame quels
vers sont ceux icy.

Escoutez tous d'vne ententiue oreille
En vers Frâcois, le bruit & la merueille.

Et que

Et *que sequitur*, ne voyla pas vn beau
commencement & vrayement he-
roïque.

B, Donc Madame Elisabeth, pour
retourner à noftre premier propos,
ne laifferez pas la maifon en defor-
dre & toute chofe en confufion, &
comme font plufieurs enfans mettre
tout à l'abandon pour aller ie ne fçay
ou, & ainfi que vous dites fe donner
affez fouuent du plaifir depuis le leuer du Soleil iufques au foir au grãd
detriment & fcandale du mary & de
toute la famille.

E. Quand à ce qui depend de la
maifon du mary, & des enfans ie
m'accommoderay autant dextremét
que ie t'ay tantoft dict. Ie trouue
bon que quiconque n'eft obligé par
juftes & raifonnables empefchemés,
ny encores en façon quelconque au
deuoir de la charité peut toute la
iournée employer fon temps à fes
honneftes plaifirs. Mais Blaife ceux
qui ont charge de la famille.

B. Madame c'eft affez, n'en parlons

B

plus, à la verité, vous me semblez par vos discours vne profetesse tant vous dites bien. Mais pour ce que ne menez pas la vie que vous dites, qui est cause que vous & la maistresse aussi ne viuez plus ioyeusement, la maistresse vous tenant comme sœur & ne vous voyant qu'à demy?

E. C'est de sa grace. Tu m'as faict dire ces choses, ie ne sçay a quel propos ny a quelle occasion, Madame Constance estant vn vray miroir & exemple d'vne vie Chrestienne & Ciuiles & sçaches qu'il en y a peu au monde qui la ressemblent.

B. Vous auez bonne occasion de parler ainsi puis qu'elle vous tient comme sœur, vous reçoit à sa table, voire mesmes en son propre lict.

E. Aussi Dieu sçait si on peut plus aymer vne sœur ou vne fille, comme ie l'ayme, aymeray & seruiray toute ma vie.

F. O mots dorez dignes d'estre recitez au Theatre du monde, ie veux les enregistrer en ma memoire, pour

en compiler vn docte & tref-elegant
opuscule.

E. Mais voyez d'où & auec qui i'ay
ce matin entré en difcours? à la verité entre nous femmes nous babillôs
volontiers, & contons nos affaires
à vn chacun, & bien fouuent faifons
comme Rolin ce fauetier qui racon-
toit fes beaux faicts à qui ne les vouloit fçauoir.

F. *Hæc Latine dicimus narrare fabu-*
lam furdo.

E. A Dieu maiftre, Ie veux aller
trouuer Madame qui fort dehors.

F. *Me vobis commendo.*

DE L'ACTE I.

SCENE II.

Conftance. Fidence. Elifabeth.
Blaife. Et Spinette.

C. C'Eft vn grand cas que c'eft
homme ne veut oublier ces
fiennes folies, ny Dame Elifabeth, de

s'amuſer à babiller auec vn chacun.
Bref qui eſt d'vne telle nature ne
peut faire autrement, teſmoin le
bruit qu'on a faiƈt ce matin.

F. *Salue Domina mea*, Soit bien ve-
nüe voſtre Seigneurie.

C. Ie ne ſçay quel diantre d'homme vous eſtes eſtant ſi doƈte & ſage comme le penſez eſtre. Pourquoy entrez vous en diſpute auec
ceſt animal, mais pour le vous dire
comme ie l'entend, le monde ſe trõ-
pe d'appeller ou doƈte, ou ſçauant,
ou prudent tout homme qui ſçait
ſeulemết dire quatre mots de Latin,
& que tous les autres ſont ignorans,
comme ſi aucun ne pouuoit eſtre ha-
bile homme ne ſe rendre vertueux,
ſinon par le moyen d'vne ou de deux
langues eſtrangeres.

F. *Totus horreo tremoque.*
Peut eſtre qu'en Latin vous eſtes
vn grand Doƈteur, mais en françois
vous n'y entendez rien.

B. Vous eſtes vn grand bœuf, *verbi
gratia*, & ignorant *in quatrogue.*

F. *Audaces fortuna iuuat.* Ie veux respondre pour ne sembler estre vn ignorant. Ie rends graces à Dieu ma tref-honorable Dame, que si ie n'ay apprins autre chose de ceste tant negligée science pour estre comme dit le Doctrinal *paratum ad vtramque fortunam.*

C. Bon iour & bon an.

B. Et quoy n'eussiez vous peu apprendre le mesme au traicté de consolation?

F. Ie ne te veux pas respondre.

C. Blaise va ten à tes affaires, & vous maistre ferez bien d'aller escrire, Leonard retournera tantost & n'aurez pas escrit la moitié de ce liure qu'il vous à laissé pour le coppier. C'est assez dict contentez vous, Dame Elisabeth, puis que sommes despestrées de ceux icy, allons vistement ouyr la messe. Il me desplaist voyant le temps si beau que ie n'ay faict de grand matin ce que i'auois enuie de faire, & ay tant attendu que le Soleil est desia assez haut.

B iij

E. Nous cheminons trop laschemé
estant si tard comme vous dites, mais
c'est tout vn, ie vas prendre ma cappe & reuiendray incontinent.

C. Outre plusieurs autres bien faits
que ie recognoy auoir receu de la
bonté de Dieu, ie luy suis grandemét
tenue de ce qu'il m'a faict venir entre les mains ceste bonne Dame,
l'honnesteté & douce compagnie de
laquelle m'a depuis plusieurs années
tousiours esté en mes trauaux, & en-
nuyeuse vie, vn tres doux soulas &
consolarion : mais la voicy qui reuient. Cheminons vn peu Dame Elisabeth, affin que quand Madame
Spinette arriuera nous soyons de retour.

E. Nous n'auons que faire de nous
haster, car la voyla.

C. Ie voy bien, Madame Spinette,
qu'estes soigneuse & fort diligente,
vous soyez la tresbien venue.

Sp. Et vous la bien treuuée, comme
vous portez vous Madame Constance?

C. Bien Dieu mercy, & me semble à vous voir qu'il est ainsi de vous.

Sp. Il en est ainsi graces à Dieu.

C. Ie suis marrie qu'estes venue a pied.

Sp. Il n'y à pas si loing, ce ne m'a esté qu'vne promenade, & puis ie m'en porteray mieux.

C. Dame Elisabeth vous pouuez vous en retourner en la maison sans vous ennuyer icy. Et vous autres retournez encores au logis, i'ose m'asseurer Madame Spinette, que ne vous esmerueillerez pas peu de ce que ie vous ay enuoyé prier de venir demeurer icy auec moy quatre ou cinq iours, & le serez encores d'auantage quand entendrez l'occasion pourquoy ie l'ay faict : mais d'autre costé i'espere qu'ayant en fin consideré la foy & amitié que i'ay enuers vous, oublierez tout cela. Or auant qu'entrions plus outre en discours, puis que ie ne m'en suis pas souuenue plustost, ie veux que mes seruantes & les vostres aillent querir vostre

voſtre fille affin que durant ce peu
de iours, elle ſoit auſſi auec nous.
Sp. Ie luy auois commandé aller au
monaſtere ſe tenir auec ma ſœur iuſques à mon retour. Touteſfois puis
qu'il vous plaiſt qu'elle vienne icy,
nous la pourrons enuoyer querir
apres diſné.
C. C'eſt bien dict, il ſera fait ainſi.
Sp. Madame Conſtance ie vous remercie de la fiance qu'auez en moy,
& ſuis en opinion que ce ne ſera en
vain, ſi en quelques endroits ie vous
puis ſeruir, auſſi noſtre longue amitié ayans quaſi eſté nourries enſemble le requiert. Occaſion pourquoy
ſans vſer d'autre ceremonie, ie vous
prie croire qu'en amitié ie vous ſuis,
& veux eſtre comme voſtre b.en af-
fectionnée ſœur.
C. Ie croy qu'auez ſouuenance que
nos peres eſtans iadis ſi proches voiſins l'vn de l'autre qu'il n'y auoit que
la muraille entre deux, & que lors
entre nous petits enfans eſtoit vne ſi
grande priuauté que quand nous au-

pere,elle ne pourroit eſtre plus grande,& que i'eſtois touſiours en voſtre
maiſon,ou vous & voſtre frere eſtiez
en la mienne, iaçoit que les moyens
de mon pere fuſſent treſgrands & les
voſtres mediocres.

Sp. Ie m'en ſoꝰuien bien,& orés re-
duiſant cela en ma memoire,eſt cauſe que les larmes m'en viennent aux
yeux, penſant combien durant ce
temps là i'ay veſcu auec peu de lieſſe
& moindre conſolation, & ce pour
pluſieurs occaſions.

C. Doncques hantans enſemble,
comme eſt la coultume des voiſins,
eſtans deuenuës vn peu plus grãdet-
tes & fermes d'age,fut ſi grande l'a-
mitié que portions l'vne à l'autre, &
encores voſtre frere Anthoine &
moy,que parauenture on n'entendit
iamais parler de telles & ſemblables
amours que les noſtres. Seulement
alors eſtions contans de nous veoir,
de parler,& de nous recréer enſemble. Quãd apres ſelõ le temps quelque occaſion nous ſepãroit, nous

nourriſſions nos cœurs & nos eſprits
de treſdouces penſées.

Sp. O combien grandes ſont les
forces d'amour.

C. Finablement croiſſant enſemble
les ans auec l'amour, vint iuſques à
la que ne nous contentans d'eſtre
honneſtement enſemble, quelques
fois le iour, mais par occultes voyes,
enuiron l'eſpace de trois ans conti-
nuels, vne meſme chambre nous à
receuz tous deux, quaſi toutes les
nuicts au moins deux ou trois heures. Et qui le croiroit iamais, ſi par
hazard quelqu'vn n'a receu de Dieu
vne pareille grace, qu'vne fille de
quinze ans, & vn ieune homme de
18, ou 20. ayent eſté ſi long temps,
quaſi veſcu enſemble, & demeuré en
vne meſme châbre, ains ſur vn meſme lict tout veſtuz: & que cependant
toute deshonneſte pēſée à touſiours
eſté eſloignée d'eux? perſonne comme ie croy.

Sp. Sinon celuy qui par vn ſingu-
lier don de Dieu comme vous auez

dit, s'eſt trouué en vn pareil faict,
vous me contez, Madame Conſtance, vn amour vrayement ſainct, & v-
ne choſe mal aiſée à croire à pluſieurs

C. Dieu qui ſçait tout, Dame Spinette, ſçait encores ſi en cecy ie dy autre
choſe que la verité : mais il ne peut
quaſi eſtre que ne vous ſouueniez de
quelque choſe.

Sp. Ie me ſouuien ſeulement de ie
ne ſçay quoy pour ce que que, comme vous ſçauez nous eſtans encores
fort ieunes, mon pere eſtant mort,
ie fus par mõ frere qui eſtoit vn peu
plus agé que moy, & par mon Oncle
mariée à Fabian qui deceda, il n'y a
pas encores deux ans paſſez, me laiſſant chargée d'enfans & de peines.

C. Ainſi vont les affaires de ce
monde.

Sp. A la verité i'enten auiourdhuy
(retournant à noſtre propos) vn des
plus grands cas dont iamais i'ay ouy
parler, mais quand ie conſidere
qu'elle vous auez touſiours eſté, &

combien modeste & bien apprins à
esté mon pauure frere. Ie m'accorde
aysement à croire que (comme vous
dictes) vostre amour à esté tref-cha-
ste & bon. Mais pourfuuez vostre
difcours.

C. Les affaires eftant en ces termes,
mon pere delibera me marier : ce
qu'eftant venu à mes oreilles, ie parlay vn foir à Anthoine, en cefte maniere Anthoine puis que depuis quelque téps ton pere eft mort, tu es maiftre de toy mefme , ie cognoiftray
maintenant fi ceft amour que tu as
toufiours monftré me porter eft tel
que ie l'ay creu, ou autre. toy mefme
tu m'as dit, & i'en fuis tref certain,
que le bruit court prefque partout,
que mó pere m'a donnée pour féme
a Leonard fon cópagnon d'eftat: de
quoy on peut coniecturer , qu'au
moins ils en ont tenu quelques propos. C'eft pourquoy auát que l'affaire
paffe plus outre ie feroy bié aife que
toy mefmes allaft à mon pere me demander en mariage. S'il adu ét qu'il
rions efté engendrées d'vn mefme

en foit cõtant noftre long & hõnefte
defir,prendra fin. Si autremét,ie pen-
feray à ce qu'aurós affaire. A cela me
refpondit Anthoine : cõbien que ce
foit vne folie entreprendre cela qui
ne peut reüffir en façõ quelconque,
puis que la fortune,(le propre de laquelle eft toufiours s'oppofer aux
honneftes defirs des hommes)le veut
ainfi. Ce neantmoins ie feray de tref-
bonne volonté ce qu'il vous plaît
me commander. Mais pource que
voftre pere, comme viellard & tref-
riche,fera ce que la plus part des autres hómes ont accouftumé faire , ie
ne doute point qu'à moy ieune hó-
me,peu riche & pauure en sõ efgard
au refpeɛt de luy , il n'en face refus:
& d'auantage m'eftimera fot & de
peu de iugement. Mais à quoy m'a-
mufe ie ainfi à raconter par le menu
toutes ces chofes?Il parle à mon pere,duquel il eut la refponfe qu'il s'e-
ftoit imaginée: parquoy eftãt foudain
retourné à moy , prenant à tefmoin
celuy qui gouuerne toutes chofes,

il me fiança de mon bon gré, & me
promiſt ne vouloir iamais autre féme que Conſtance & moy au ſemblable que ie ne voulois autre mary
qu'Anthoine.

Sp   Helas que me dites vous Madame Conſtance, auez vous deux
marys?

C.   Eſcoutez de grace. Le iour ſuiuant l'affaire ſe conclud entre mon
pere & Leonard, & en fut dreſſé le
contract. Et mon pere eſtant retourné au logis me diƈt:Conſtance ie t'ay
mariée,faiƈtes en ſorte toy & ta mere que tout ſoit bien net en la maiſon, & puis mets toy en ordre & te
pare,pource qu'à ce ſoir noſtre Leonard te viendra veoir & toucher en
main. Quoy entendu par moy, ſans
penſer à ce que ie deuois dire, ny iet-
ter vne ſeule larme luy reſpondy:
Vous auez mal faiƈt de me marier,
ſans premierement entendre qu'elle
eſtoit ma volonté,mais vous en aurez le plaiſir & l'honneur que vous
merirez.

Sp. Quelles choſes font quelques
fois ces hommes, voſtre mere que diſoit elle?
C. Ma mere eſtant malade au lict
comme vous ſcauez d'vne maladie
qu'elle à porté pluſieurs années voire iuſques à la mort , en eſtoit bien
faſchée, luy ſemblant que mon pere
auoit tenu peu de conte d'elle à la
concluſion de ceſt affaire ſans l'en
aduertir auant la derniere reſolu-
tion , combien que quelques iours
auparauant il luy en euſt tenu quelque propos. A la reſponce donc que
ie fis à mon pere. Il commença à
crier: & moy à luy reſpondre, neantmoins auec toute reuerence, & doucement , que ie m'eſtois donnée à
Dieu, & voulois eſtre Religieuſe :
ma's tout cela ne ſeruit de rié , pource que s'eſtát mis en la teſte que l'affaire iroit ſelon ſa volonté , ſortant
dehors me dit: Conſtance tay toy &
ne m'en parles plus. Il conuient à
vne honneſte fille ſe contanter de la
volonté de ſon pere, meſmement en

ces choses qui sont de si grande importance. Moy ayant ouy ces propos me mis à penser ce que ie deuoy
faire, & me resolus finablement à
chose fort perilleuse.

Sp. Et qu'elle resolution prinstes
vous, par vostre foy?

C. Ie me resolus. Mais qui est cestui cy qui vient droict à nous auec
vn laquais derriere luy?

Sp. Il me semble, & il est vray que
c'est le grand amy de mon frere Anthoine.

C. Dieu nous soir en ayde. Que
pourroit-ce bien estre?

DE L'ACTE I.

SCENE III.

Aurelian. Constance. Spinette.

A. **D**Ieu vous donne le bõ iour.
Sp. Et à vous ce que desirez.
Aurelian. Quel miracle est ce cy?
A. Il me faict mal que peut estre

i'ay interrompu vos discours.

C. C'est bié, ie m'esmerueille de vo°.

A. Madame Spinetté, ie fus hier en
voftre maifon penfant parler à vous,
mais ie ne vous y trouuay pas.

Sp. Ie m'esbahy qu'on ne me le dit
quand ie fus de retour.

A. Ie y ay encores esté ce matin de
bonne heure.

Sp. Car ie ne vous eusse pas laisfé
prendre cefte peine.

A. Et m'ayant esté dict qu'estes ve-
nueicy veoir Madame Constance, &
& pource que i'ay à parler auec vous
de chofe d'importance, ioint que demain ie doy partir pour aller à Lyon,
i'ay prins affeurance de vous venir
trouuer icy, & fuis marry que ce ne
fera fans donner de l'ennuy à Madame Constance & a vous.

C. Ains dele cófolation. Nous eftiós
icy hors la maifon a deuifer attendác
l'heure de difner, & puis qu'estes venu tout à téps nous difnerons de có-
pagnie, & le repas prins, vous parle-
rez à Madame Spinette à voftre
commodité.

LA CONSTANCE

A. Ie feray ce qu'il vous plaira.
C. Entrons en la maifon, venez
Madame Spinette.
A. Paffez de grace.
So Pour vous obeyr Aurelian.

DE L'ACTE II.

SCENE I.

**Barbe feruante. Elifabeth. Spinette.
Aurelian *fans parler*.**

Ainfi tout fe portera bien, le maiftre fe va promener, & icy on netroye par tout & fe donne-on du bon temps. Ie fcay que ce matin l'amy a difné a fon ayfe, auec vne compagnie du iour de la fefte, eftans entretenus d'vne ieune fille qui n'a pas vingt cinq ans, belle & frefche comme vne rofe, & encores d'vne autre qui n'eft à la verité finon belle & gratieufe. O qu'il faifoit beau veoir Madame Spinette auec vn ac-

couſtrement brun , ie ſuis bien ayſe
qu’elle ſe reſiouyt : Mais helas ! ceſte
autre qui eſt Madame Eliſabeth, laquelle ne crache que des ſentences
comme ſi elle eſtoit quelque Docto-
reſſe, eſt deuant la porte, elle aura entendu ce que i’ay dit.

E. Tu ferois mieux d’aller ou ta
maiſtreſſe t’euuoye cauſeuſe & ba-
billarde que tu és. En fin tu ſeras
touſiours Barbe ou bauarde , mais ſi
c’eſtoit à moy à faire.

Ba. Que vous ay-ie dict ? ie feray
beaucoup mieux, ſans reſpondre ,
d’aller ou ma maiſtreſſe m’enuoye.

E. Il y a deſia long temps que tu
m’as faict ſortir de la maiſon.

Bar. Car ſi ie recommançoy ce ſeroit pour vne heure.

E, Entre pluſieurs choſes qui s’eſ-
prouuent contraires à la vie paiſible
de ce monde, ne ſont ny les derniе-
res, ny les moindres, celles que on à
à l’occaſion de ceux qui nous ſeruét:
Outre ce qu’eſtant continuellement

desrobez & pillez. Ceux-là nous veulent encor tenir le pied sur la gorge,
& estre iuges de toutes nos actions.
Combien se trouue il de seruiteurs
combien de seruantes qui pour vn
petit desdain ou autre legere cause
ont occasionné la mort ou eternelle
infamie de leurs maistres ? Ny les
biēfaicts, ny les courtoisies, ny quelque autre amitié & humanité, ne
peuuent le plus souuent rendre ceste
peruerse condition d'hōmes, ny humaine, ny raisonnable ny fidelle. O
combien est veritable que les maistres sont plus seruiteurs que ne sōt
pas leurs varlets. C'est pourquoy
ainsi que i'ay autre fois ouy dire, vn
pauure Cardinal venāt à mourir dist
ces mots. Ie meurs volontiers dont
ie remercie Dieu, pource que par ma
mort ie suis deliuré des mains des
seruiteurs, ie ne nye pas pourtant
qu'il ne s'en trouue de bons & de fidelles, mais ils sont si rares & clair
semez, que pour vn tel on en trouue
mille desloyaux, larrons, mesdisans,

menteurs & en sóme tref meſchans.
Toutesfois puis qu'on ne s'en peut
paſſer, l'vſance de ce monde le voulant ainſi, il faut s'accorder porter
patiemment ceſte incommodité &
calamité, auec les autres malheurs
qui aſcompagnent la vie. Or ſus regardez qu'on meſdit de Madame
Conſtance qui eſt vn exemple de pudicité & de toute autre bonté. Ho!
ie ne m'en aduiſois pas, voicy Dame
Spinette & Aurelian. Gardez vous
Madame Spinette que c'eſt air ne
vous face mal.
Sp Que dites vous? Dieu vous le
pardonne. Il y a ſix mois que l'on
n'a veu vn plus beau iour que ceſtui-
cy, Occaſion pourquoy Aurelian &
moy ſommes ſortiz dehors pour de-
uiſer & iouyr de ce beau & bon air.
E. Que ce ſoit pour voſtre commodité. Cependant ie m'en vas trouuer
Madame Conſtance.
Sp. Vous ferez bien, car elle eſt demeurée ſeule en la maiſon.

DE L'ACTE II.

SCENE II.

Aurelian.   Spinette.

A. IE suis librement sorty en la
ruë pour discourir auec vous,
affin de librement vous declarer ce
qui m'a meu vous dire ie ne sçay
quoy de Madame Constance & de
son mary pour autant que ie seray
bien ayse qu'autre que vous n'en
sçache rien.

Sp. Vous auez bien faict.

A. Il y a enuiron dix ans peu plus
ou peu moins, ie ne m'en puis souuenir, qu'Anthoine vostre frere partit de Troyes non à autre occasion,
sinon parce que Madame Constance, laquelle il aymoit sur toutes choses fut donnée par son pere en mariage a Leonard. Il me fit par
contract que ie porte, vne libre &
franche donnation entre vifs de tous

les biens & facultez qui luy estoient
escheuz par la succession de son
pere.

Sp.   Ie sçay bien tout cela.

A. Moy d'autre part, ie luy promis
seulement de parolle & selon sa volonté,d'estre gardien d'iceux , & non
proprietaire,pour les luy rédre à son
retour. Apres quand il voulut partir
ie luy mis és mains mille escus, me
disant lors si entre cy & dix ans ie ne
suis de retour , croyez asseurement
que ie ne suis plus en vie,vous priát
disposer du tout à vostre volonté. Au
surplus ayez souuenance de ma sœur
au cas que durant ce temps elle aye
quelque necessité.

Sp. De qu'elle valeur pensez vous
estre ses biens?

A. Ils ne valloiét lors gueres moins
que cinq mille escus. Mais ils vallent
maintenant d'auantage , à cause du
rehaut des monnoyes, & que les he-
ritages sont de meilleur reuenu.

Sp. Se peut-il faire qu'à l'occcasion
de ceste là seulement, il luy ayt prins

volonté de quitter & abandonner entierement le pays, les parens & les amis?

A. On dict encores beaucoup d'autres choses lesquelles il n'est maintenant besoin de raconter. Mais côbien que la seule amitié en ayt esté cause, ie ne m'en esmerueille pas beaucoup, & s'en esbahissent seulemêt ceux qui n'ôt esprouué qu'elles sont les forces d'amour, ou ceux qui ont faute de iugement & sont peu experimentez es affaires du monde.

Sp. Soit conme on voudra. Ie sçay bien que iamais il n'a esté tenu pour homme de peu d'entendement. Mais poursuiuez.

A. Il s'en alla doncques à cesse occasion, & ay ouy dire qu'il tient le chemin de Bourgoigne. & n'ay iamais ouy nouuelle de luy sinon vne seule fois.

Sp. Vous en auez donc receu des nouuelles?

A. Ouy Madame, lors que le Roy faisoit la guerre pour le recouure-
ment

ment de la principauté de Luxem-
bourg, il y a quelque temps. Leonard mary de Madame Conſtance
fut prins en vne eſcarmouche, &
bleſſé à mort par quelques eſpa-
gnols, mais comme voulut ſa bonne
fortune, ceſte prinſe eſtāt venuë aux
oreilles d'Anthoine qui eſtoit bien
aymé du chef qui commandoit en
l'armée, payāt de ſes propres deniers
ſa rançon le remit en liberté, puis
l'ayant faict conduire en vn bon logis le fit à ſes propres fraiz & deſpēs,
penſer & medicamenter en ſorte
qu'incontinent apres. Iaçoit que les
playes fuſſent perilleuſes & de danger, il fut guery & ſauué.

Sp. Ie n'ay iamais ouy parler de
cela.

A. C'eſt vn grand cas puis qu'à
Troyes on ſçait toutes nouuelles tāt
par la voye des Chaſſemarée qu'autrement vous n'en auez rien ſceu.
Tant y a qu'Anthoine luy ayant
faict rendre tout ce qui luy auoit
eſté prins iuſques à vne eſguillette

C

le r'enuoya à Troyes.

Sp. Qu'alloit chercher Leonard parmy les soldats?

A. Encores qu'on n'en sçache rien à la verité, aucūs pensent qu'il cherchoit Anthoine.

Sp. Et pourquoy cherchoit-il Anthoine?

A. Plusieurs ont opinion qu'il le cherchoit pour le tuer, s'asseurans qu'il croyoit iceluy ne pouuoir estre ny seurement, ny auec honneur legitime mary de Madame Constance du viuant d'Anthoine. Mais autres sont d'opinion contraire, & tiennēt pour tout certain qu'il le cherchoit à autre intention. Toutesfois cōme i'ay dit on n'en sçait rien à la verité, pour estre Leonard, comme deuez sçauoir, homme qui parle peu, & qui en toutes ses affaires est bien entendu. Mais soit cōme on voudra, Anthoine ne parla pas beaucoup à luy croyant peut estre, que trop parler nuit.

Sp. Comme auez vous dōc eu nouuelles de luy?

A. Quelque temps apres il m'escri-
uit vne lettre laquelle i'ay apportée
sur moy,& affin que sçachiez le tout
ie vous la veux lire.

Sp. Ie ne vous en veux donner la
peine, dites moy seulement la sub-
stance du contenu en icelle, puis ce
m'est assez.

A. Il m'aduertit qu'il se porte bien,
& est en resolution de iamais ne reuenir veoir ce pays,& que partant ie
dispose de ses affaires selon son intention.

Sp. Fait il mention des affaires de
Leonard?

A. Non, Madame, il se plaint seulement d'estre poursuiuy de celuy
qui le deuroit aymer.

Sp. D'où escrit-il?

A. De Besançon.

Sp. N'auez vous apprins autres choses de luy en tant d'années?

A. Nény par ses lettres. Ce nonob-
stant auant que prendre aucune re-
olution i'ay voulu laisser escouler

quelques ans. Or maintenant que
certaines miennes affaires me con-
traignent aller en Bourgongne, ſoit
que les dix ans ſoient accomplis ou
non, ie ſuis venu pour vous dire, que
n'ayant par la grace de Dieu beſoin
de m'ayder de ce que ſelon la charité & iuſtice, on doit à autruy, ie ſuis
reſolu de diſtribuer & faire part à
vos enfans comme les plus proches
parens d'Anthoine, de ce qu'il m'a
mis entre les mains. C'eſt pourquoy
auant mon partement ie laiſſeray en
la Bancque de Lyon pour voſtre fils
aiſné cinq cens eſcus, affin que quãd
il ſera paruenu en age, il s'en ayde
ſelon voſtre bonne volonté: Et encores autres cinq cens en la meſme
Bancque pour voſtre grande fille,
affin de luy eſtre deliurez lors que la
voudrez marier. Ce que i'en fais, eſt
pource que ſi en mon voyage il plai-
ſoit à Dieu faire ſa volonté de moy,
ie veux eſtre acquitté de mon deuoir, & ſi ie retourne comme i'eſpe-
re que ce ſera bien toſt moyennant

la grace de Dieu, i'aduiseray à quelques autres choses au profit des ne-
ueux d'Anthoine, le depart duquel
à esté cause, qu'oncques depuis ie
n'ay esté ioyeux. Et si i'eusse pensé
qu'il eust voulu faire ce qu'il a faict,
Il ne s'en fust iamais allé sans moy:
mais ie pensoy qu'il deuoit faire
cóme plusieurs autres ieunes hommes ont accoustumé faire en cas pareil, & que ayát passé vn an ou deux
en ceste frenesie, il s'en deuoit reuenir & penser a autre chose, mais i'ay
congneu en effet qu'il à vn grand
courage, & qu'il est debonnaire &
paisible en routes ses actions.
Sp. Aurelian, ie n'ay iamais faict
comme font la plus part des femmes. Ie sçay bien les donnations
faictes par mon frere qui à plus re-
nu de conte d'autruy que de moy:
neantmoins pour tout cela ie n'en
ay iamais ouuert la bouche. quelque temps apres son depart, Fabian mon mary est mort qui m'a
laissé deux enfans masles, & deux

femelles auec peu de moyens, &
pour tout cela ie n'ay pourtant
defperé de la grace de Dieu, & telle
croyance ou efperance n'a efté vaine
& trompeufe, puis que par fa grace,
voftre bonté & amiable affection,
me faict auiourd'huy iouyr d'vn fi
grand bien faict, duquel ie ne me
foulleray iamais de remercier & l'vn
& l'autre, mais fans vous tenir plus
en fufpens, auez vous à la verité receu quelques nouuelles de la mort
d'Anthoine?

A. Pour vous en parler franche-
ment, vn bourguignon qui eft en cefte ville, lequel au Conté luy fut bié
grand amy & plus que frere, m'a af-
firmé par fes lettres, & depuis dit de
bouche a plufieurs, qu'il à receu certains aduis qu'Anthoine eft mort en
Allemagne.

Sp. Ie dy ainfi pource que ce matin
i'en ay longuement deuifé auec Madame Conftance, laquelle m'a enuoyé querir tout expres, & entre autres chofes m'a dict, qu'il y a enuiron

vn mois que Leonard ſõ mary eſtoit
party de Troyes pour aller en Allemaigne trouuer Anthoine, affin de le
ramener à Troyes. Ie vous diray d'a-
uãtage qu'à ce ſoir elle attend & l'vn
& l'autre, vous en faictes l'eſbahy.

A. Ie ne ſçay, & ne puis ſinon ſer-
rant les eſpaulles croire que Leonard
ſoit cõme l'on dict arriué, & qu'Anthoine ſoit viuant, veu que Leonard
le cherche (ainſi que i'ay ouy dire)
plus pour le faire mourir que pour le
ramener par deça, dites moy par voſtre foy, Madame Spinette, commét
Dame Conſtance peut en vn meſme
temps auoit deux marys, poſé qu'il
fuſt vray que Leonard fuſt allé trouuer Anthoine? C'eſt ce qui à donné à
pluſieurs occaſiõ d'en parler. Ie ſçay
bien que Madame Conſtáce eſt belle
& bõne autant que l'or- affiné: mais.
Sp. Ie croy qu'elle eſt telle que vous
dictes, mais (Aurelian) le mõde a eſté,
eſt, & ſera touſiours pareil. Si quelqu'vn eſt bon il trouuera qui meſdi-
ra de luy. Et qui eſt bon, c'eſt aſſez

C iiij

qu'il eſt bon. Le monde en croit ce
que bon luy ſemble.

A. Cela ne peut eſtre Madame Spinette, & repugne trop à la verité, car
il faut encores tant faire que le monde le croye.

Sp. Que voulez vous faire ? elle eſt
de celles, comme pluſieurs autres,
qui ſe contantent de bien faire : &
congnoiſtrez que le bõ eſt touſiours
congneu des hommes de bien, mais
non des malins & meſchãs. A grand
peine les perſonnes honneſtes, &
bien apprinſes, ont mauuaiſe opiniõ
d'autruy à la ſeulle veue. Mais ſi par
mal'heur quelque vicieux ayãt commis vne faute notable ſe preſente à
eux, ils les excuſent doucement, mais
le menu peuple & gens de petite
eſtoffe, ſont ceux qui ne croyent ſeulement la faute qu'ils voyent ou
qu'ils entendent, ains bien ſouuent,
ie ne dis pas par quelque vray ſem-
blance, ils ſont induits à croire, voire de propos deliberé feignent, ou

comme l'on dit, composent au detriment & deshonneur de leur prochain, & de telles gens se faut bien
gader, & non des hommes de bien
Mais retournant à Madame Constance, vostre venuë à esté cause que
d'elle ie n'ay encores entedu le tout.
Toutesfois ie sçay bien que se con-
fiant, comme elle dit, en sa conscience & bonne intention elle ne se soucie pas beaucoup de ce que dit le
peuple

A. Ils ne faut soucier, & qui à l'hô-
neur en recommandation tient plus
de conte d'estre tenu pour bon sans
l'estre pourtant du tout, que d'estre
bon & reputé pour meschant. Ie vas
chercher plus auant. Ie sçay quasi à
vn iour pres, ce qui s'est passé entre
Anthoine & elle, & ie le vous diray.
Ie sçay qu'il y a auiourd'huy dix ans
ou peu s'en faut qu'elle est la femme
de Leonard.

Sp. Entre vous hommes croyez
bien souuét ce que n'est pas, mesme-
ment és affaires des femes, & le plus

fouuent le monde fe trompe en ces
iugemens.

A.   Voyons le vn petit.

Sp.   Ouy le temps eſt dict eſtre pere
de la verité, mais quand penſez vous
retourner à Trŏyes?

A.   Ce ſoir, ou demain de grand matin, i’enuoyeray mon laquais deuant
querir mon cheual & dire qu’on
m’attende a la Trinité, pource que
paſſant par la, ie deſire veoir vn mien
amy qui eſt demeuré malade aux
fauxbourgs, puis ie m’en tetourne-
ray à la ville.

Sp.   De grace ſans vous incommo-
der ie vous prie à voſtre retour paſſer par icy, pource que ie vous pourray dire quelque choſe, Madame
Conſtance ayant ce iour d’huy ache-
ué a me dire ce qu’elle auoit ce matin commencé à me conter.

A.   Ie lé veux bien, & feray ſeurblant
que i’ay oublié quelque choſe à vous
dire quand i’ay prins congé de vous.

Sp. Comme il vous plaira.

A. Orſus à Dieu iuſques au reueoir,

Madame Spinette. Ie vous prie
preſenter mes recommandations à
Madame Conſtance, à laquelle ie
ne diray autre choſe ayant deſia
prins congé d'elle, il n'y à pas long
temps.

Sp. Auſſi feray-ie, ho ! ceſte ieune
Dame eſt la plus honnorable & ſage femme qui ſoit auiourd'huy au
monde, Elle ſçait mieux diſſimu-
ler qu'autre qui ayt iamais eſté.
Mais entre cy & peu de temps on
deſcouurira la verité de ces deux affaires. Maintenant, pour ce que les
iambes me font mal pour auoir trop
long temps eſté debout, ie ne feray
que bien de m'aller vn peu repoſer.
Mais voicy Dame Conſtance &
Dame Eliſabeth. Il ne me ſeroit
pas bien ſeant m'en aller, elles diſ-
courent entre elles, de ie ne ſçay
quoy.

DE L'ACTE II.

SCENE III.

[Conſtanſe. Eliſabeth. Spinette.

OR maintenant qu'auez le tout
entendu, outre ce qui vous en
à eſté dict du commancement, vous
n'auez plus d'occaſion vous en eſ
merúeiller, ioinct ce que vous meſ
mes auez veu & cogneu vous pouuoir retirer de toutes ces merúeilles.
Tāt y a que la choſe eſt telle cōmme
vous l'auez ouy, & de ce peu que ie
dy lors que me conſeillaſtes enuoyer
querir Madame Spinette, vous pouuez b.en imaginer le reſtè. Mais ou
peut elle eſtre allée?
E. La voila ſur la porte du verger
qui s'amuſe à regarder ie ne ſçay
quoy.
C. Elle faict quelque diſcours en
ſoy meſme, ſur ce qu'Aurelian luy à
raconté.

E. Elle nous à ouy & vient par
deça.

C. I'ay esté quelques iours en mes
gayes pensées, & auiourd'huy que ie
deurois estre plus ioyeuse que iamais, ie me suis mis quelque brouil-
lerie en la teste, qui me rend toute
melancolique. Madame Spinette
vous deuez estre lasse.

Sp.   Non Madame, non ce n'est
rien.

E Madame Constance on n'est pas
tousiours d'vne mesme volonté.

C. Ie suis peu souuent ainsi, qu'il
ne m'arriue quelque ie ne sçay quoy
de mauuais. Et vous, quelles bonnes nouuelles vous à apportées Aurelian?

Sp.   Bonnes en verité par la grace
de Dieu.

C. O Seigneur donnez moy patience , voicy venir ce fascheux
Espagnol qui ne me laissera en repos.

Sp. Madame c'est vostre grand mignon.

C. Ouy Madame, ainſi qu'il vous ſemble, quand ie ſuis à Troyes, il eſt touſiours apres moy. Si ie ſuis au village ie ne puis ſeulement faire vn pas hors de la maiſon que ceſt importun ne ſe preſente à mes yeux.

Sp. Laiſſez l'aller ou il voudra, & mocquez vous de ſa folie, pourueu qu'il ne procede plus outre ou de faiƈt ou de parolles.

C. A la verité il ne m'a iamais faiƈt ou dit choſe qui m'ayt deſpleu, mais il me faſche de le voir touſiours apres moy pour le reſpeƈt des regardans.

Sp. Nous ſerions trop ſimples ſi tenions conte des badineries de certains nyais, qui comme ſots qu'ils ſont, employent toute la iournée apres ceſte cy & apres ceſte là. Et puis ils en ont fait autant que.

C. La tierce partie de ces faineants va ou auec vn arbaleſte ou harquebuſe ſur l'eſpaule vn laquais derriere, tantoſt à pied, tantoſt à cheual ſe promener en ces quartiers, d'vn co-

sté ie m'en ry, & de l'autre i'en suis
marrie pour les respects de la compagnie.

Sp. Et que peut on faire autrement,
nous ne sommes propres à reformer
le monde, & moins encores bien
seant à nous, de mettre l'espée en la
main de nos hommes, à cause de ces
outrecuidez.

E. D'auantage, ce seroit beaucoup
trop de vouloir empescher les ieunes
hommes de regarder celles qu'ils ayment, pouruenu que cela ne tende à
autre chose.

Sp. Ceux qui sont de ceste façon,
n'ayment point. Car s'ils aymoient
& se monstroient tels que doiuent
estre tous honnestes hommes & fidelles amans, ils seroient plus sages
& mieux apprins qu'ils ne sont, &
partant le plus beau, est de pratiquer
accortement auec telles gens, ne leur
monstrer bon visage, & encores de
n'vser d'aucuns propos insolens, ny
faire paroistre d'aucuns gestes &
actions peu honnestes, car cela senti-

roit trop sa rusticité.

C. Tant y a que mon homme s'en
est retourné dont ie m'esmerueille,
& à l'heure mesme (Dame Elisabeth)
que i'auois enuie que luy dissiez deux
ou trois mots.

E. Il retournera plustost qu'on ne
pense n'en doutez point, il n'a pas
oublié sa coustume.

C. Ie veux quelque iour me despe-
strer de luy, que vous en semble?

E. Laissez faire à moy. Car ie ne suis
femme subiette à la peur.

C. Ie veux bailler ceste commission
au maistre qui sort de la maison, mais
pour ce qu'il entrera incontinent en
ses pedanteries & sur ses argumens,
il est à craindre que l'Espagnol ne
croye que l'ayons enuoyé pour se
mocquer de luy, & que parauature à
ceste occasion il ne rehausse la mou-
stache par quelque coup de poing,
c'est pourquoy il sera meilleur faire
venir Blaise pour luy dire qu'il
vous appelle lors que le maistre passera.

E. Vous dictes vray, c'est la le vray
moyen.
C. Entrons en la maison. Ou vas
tu Blaise. Quitte le maistre & r'en
vien auec nous.

DE L'ACTE II.

SCENE IIII.

Fidence. Blaise. L'Espagnol.

*QVia intus sum omnium rerum
satur, prodi ambulare huc licitum
est.* Cela ayde beaucoup à ma com-
plexion me promener, enuiron vne
heure apres le repas , & mesme-
ment, lors que i'ay trop mangé , me
promener vn peu par ces plaisan-
tes colines à l'ombre de ces vertes
Ramee. Mais pourquoy si tost s'est
retiré de mes yeux le Soleil qui donne iour à ma vie , ma gentille Dame
Elisabeth, quel remede y a il? *Omnia
vincit Amor & nos cedamus Amori.*

Il me semble y auoir plus de mil ans
que ie n'ay repeu mon cœur ny mes
yeux affamez de l'ambrosie & tref-
doux nectar que distillent en moy
les plus que diuins flambeaux de ma
tref-belle deesse , lesquels ont force
& puissance d'arrester le Soleil, de
faire mouuoir les mōtaignes , de bri-
der le cours des riuieres , & de chan-
ger(comme faisoit Meduse)les hommes en pierres dures. Mais quel plus
grand miracle peuuent faire deux
yeux, que celuy qu'ōt exercé en moy
ceux de ma bien aymée , iceux ayant
par leur grande vertu penetré mes
entrailles & plus intimes parties de
mon cœur diamantin? & si fort allumé en mon froid estomac plus dur
que marbre , vn feu si violent qu'il
me brusle entietement sans que i'y
puisse trouuer secours. Au moins
qu'elle ouyst ces miens tant doux
propos, parce que par là elle cognoi-
stroit que l'esprit de Ronsard & de
du Bellay, par la grace de ses estincel-
lans yeux, font en mon estomach,

vne fontaine de tref-eloquente eloquence. C'eſt pourquoy elle ſera par
moy quaſi vne nouuelle Caſſandre,
& vne autre Oliue par mon ſtil treſ-
celebre. Mais *heu. Blaſi*, *ſt. ſt.* Il me
ſouuiét que la maiſtreſſe le r'appelle
pour aller en la maiſon *ſed eccum*
ipſum.

B. Mon doux maiſtre vous eſtes
plus heureux & plus fortuné amant,
qui ſoit *in totum orbem terrrarum*. Depuis Cronceaux iuſques à Troyes,
oſeriez vous penſer combien Dame
Eliſabeth eſtant à la feneſtre, & ayát
ouy la douceur de vos ſacrées parolles à ſouſpiré de ioye? en effet ie cognois que c'eſt pour les grandes ver-
tus dont eſtes doué.

F. La maiſtreſſe a elle encores entendu mes diſcours?

B. Ouy Monſieur auec vn plaiſir in-
dicible.

F. Qu'a elle dict?

B. Rien autre choſe, ſinon qu'en ſe
ſoubſriant elle à dict, que l'oyſiueté
& le trop bon traictement eſtoient

cauſe que le maiſtre faiſoit toutes ces folies.

Verum eſt. Otia ſi tollas periere cupidinis arcu. Et qua ſequuntur. Lequel grand vers à eſté par le morgant traduit *hoc modo*, en ceſte façon.

Il eſt n'ay de l'oyſiueté.

Et d'humaine laſciueté.

B. Ie veux ſçauoir à quoy tend ſon deſſein, & veoir puis que la maiſtreſſe le veut bié, ſi par vne petite tromperie ie luy puis tirer les grillons de la teſte.

F. Blaiſe quel diſcours fais tu en toy meſme?

B. Ie diſois qu'ayant a demeurer icy quelque peu auec vous pour le ſeruice de la maiſtreſſe, i'ayme bien voſtre compagnie. Mais dites moy que vouliez vous dire quand a table me faiſiez ſigne de l'œil, me guignant de trauers comme auez accouſtumé faire?

F. Ie te vouloy faire ſigne que *bas mane, ante ortum Solis, Luna creſcente,* i'ay faict cela.

B. Et que diable eſt-ce à dire, i'ay faict cela? Ie ne vous enten pas.

F. *Iuxta formam clanicula.*

B. Ha, ha, ouy ouy *incantum.*

F. On ne dict pas ainſi.

B. Tant y a, vous m'entendez bien, l'enchantement.

F. *Et pro conſtanti habeo,* qu'auant qu'il ſoit vne heure on en verra les effets, & meſmes ie me ſuis deſia apperçeu qu'elle deuient folle de moy.

B. Cy deuant ie me ſuis apperçeu qu'icelle voulant entrer en la maiſon ſe retournoit en arriere pour vous regarder, iettant vn ſi chaut ſoupir qu'il m'a quaſi bruſlé le viſage.

F. *Quia ex imo pectore.*

B. Voulez vous faire ce que ie vous diray?

F. *Libentiſſime.* Treſ-volontiers.

B. Pource que vous ſentez vn peu, m'entendez vous?

F. *Non intelligo.*

B. Le ſuif de bouc. Changez de chemiſe, & mettez vn autre iuppon. Et ſi n'en auez ie vous en preſteray vn des miens, par ce que cestuy est ſi vilainement ſale qu'il ſemble eſtre brodé de graiſſe & de ſueur, & ne ſçait on encores.

F. *Lis eſt ſub indice.*

B. Dequoy il eſt. Aucuns penſent qu'il eſt de Satin, autres diſent que c'eſt du Velours, & les ouuriers croyent que c'eſt de la fuſtaine, mais Barbe ne l'entend pas ainſi, ains s'a-pointe au contraire de Madame Eli-ſabeth, qui eſt d'opinion que c'eſt de la trippe, & elle dict que c'eſt de la tiretaine, la maiſtreſſe, que ce a eſté autresfois du drap de Berry. Et quãd à moy qui penſe l'entendre mieux que tous. Ie iurerois bien qu'il à eſté faict de laine de porc. Mais laiſſons là toutes ces diſputes.

F. *Ouy ouy miſſa hæc faciamus.* Tant y a qu'il eſt fort bon pource que ie ne l'ay encores porté quinze ans en-tiers.

B. Quand à vos brayes elles ſont en-cor aſſez bonnes.

F. Tu le peux dire, car elles ſont

presque toutes neufues.

B. Mais pourquoy portez vous ceste meschante robbe?

F. Ie la veux du tout oster *infallanter* & en mettre vne magnificque qui me fut donnée par vn mien disciple, lors que ie fus passé Docteur à Tholose.

B. En bonne foy, estes vous passé Docteur?

F. Docteur doctissime, ne t'ay ie pas monstré mes lettres?

B. Nenny Monsieur. Et en qu'elle faculté estes vous passé Docteur en toute folie?

F. *Minime, nequaquam, in primis & ante omnia in Grammatica.*

B. Ho, ie ne le sçauois pas.

F. *Per verbum nescio soluitur omnis quæstio.*

B. Se faict on Docteur en Grammaire?

F. Pourquoy non? Or ne sçais tu pas qu'elle est des sept ars liberaux, qu'elle est la plus digne de tous, & que sans elle on ne peut droictement

apprédre les autres ? Iaçoit que certains modernes n'étendans la ma-
tiere, en confeſſant que *digniora ſunt
preferenda* nyent la mineur. *Quia pro-
pter vnum quodque tale, & Illud magis.*
B. Dieu ſçait ſi vous ſcauez ce que
vous dites. Car quant à moy i'ay opi-
nió que de ſix mots vous n'en dites
pas deux qui ſoient veritables. En
quelle autre ſcience eſtes vous docteur ?
F. *In Rethorica. Muſica & poeſia.*
B. Mort que i'atten, mais pourquoy
ne vous fiſtes vous Docteur és ma-
thematiques ?
F. Ie le ſuis auſſi vrayement en ceſte
faculté.
B. Vous voulez dire que c'eſt aſſez
d'eſtre excellent en icelle.
F. Ouy. Ie veulois dire ainſi, ne
ſçais tu pas qu'vn grand Philoſophe
auoit eſcrit ſur la porte de ſon College. Qu'aucun n'entre ceans, qu'il
ne ſoit mathematicien ?
B. Ho, bon bon, mais pour retourner
à voſtre doctorerie. Ie ne péſe point

auoit

auoir failly , quand ce matin ie vous
ay dit qu'estiez docteur *in quarteque.*
F. Ain as droitement frappé au but.
aut saltem non longe aberrasti à scopo.
B. Donques monsieur le docteur en
tant de facultez, pour retourner à
nostre premier propos. Il est temps
vous mettre en ordre comme ie vous
ay dict, aller en icelle chambre qui
sera apprestée pour vous, & là y atté-
dre vostre fortune, & affin que la
chose ayt plus grand & prompt effect, lisez si tost que serez entré seul
en la chambre, par trois fois conse-
cutiues, ce troisiesme chapitre qui
est marqué en marge du signe d'vne
main.
F. Laisse faire a moy, ie te seruiray
par excellance.
B. Or sus allez en la maison. Que
diantre faites vous? Ne saulté pas de
ceste façon, car on penseroit que
vous fussiez deuenu fol.
F. *Hanc tua penelope lento tibi mittit*
Vlisse. Escoute Blaise, pour mieux
te raconter ces miennes amours en

D

françois. Ie ne veux pas beaucoup estudier aux liures d'Amadis, en du Bellay de l'excellence de la langue françoise, ny encores en Ronsard, bref, Belleau, Desportes, & autres.

B. Or sus cheminez donc, puis que vous estes en chemin.

F. A Dieu Blaise. *Titire tu patulæ recubans.*

B. Allez de par Dieu & vous hastez en effet en celle cage des fols, laquelle se void auiourd'huy depeinte és boutiques des barbiers, & en ma chambre ou i'en tiens vne au cheuet de mon liét pour mon particulier estude, entrent de toutes sortes d'hômes & plus que tous autres ceux qui sont tenus du monde, & qui se reputent eux mesmes pour sages, & si celuy qui en a esté inuenteur, ou qui la faiét imprimer & mettre en lumiete n'y eut gardé du respeét, & peut estre n'eust craint offenser aucuns, on y verroit ce me semble de belles choses, de façon que ie ne m'esueilleroy point de Fidence

Maintenant que la nuit approche ie
luy feray vne niche, puis que ma
maiſtreſſe, & Dame Eliſabeth m'en
ont donné la charge, de ſorte que
l'amour luy ſortira de la fantaſie.
Ces badins aprennent à faire le ſot,
& puis apres ſont fols de tout point,
& ie n'en ſuis marry, pource qu'en
fin tels outrecuidez ſont hommes
comme nous. Mais puis que ceſtui-
cy ne paſſe point, & qu'il y a preſque demie heure que ie ſuis icy attendant, ie veux aller en la maiſon,
où regardant par les feneſtres, ie le
pourray veoir en la ruë.

DE L'ACTE III.

SCENE I.

Blaiſe. l'Eſpagnol. Eliſabeth.

IL y a icy ie ne ſçay quoy de nouueau, ces ſi lõgs diſcours engédre-
rõt quelque choſe, ces tant d'allées &
venues me fõt penſer qu'il y a hazard

sur les balets. Or puis que cest homme vient par deça, ie veux appeller
Madame Elisabeth: mais m'ayāt veu,
ioint que ie le cognoy aucunement,
Il pourroit penser que ie le desdai-
gneroy, si ie m'en alloy. Madame
Elisabeth, Madame Elisabeth venez.

l'Es. Bon iour mon bon amy Blaise,
que fais tu icy?

B. Bon iour & bon an, i'attendoy
que vostre Seigneurie passast, pource
qu'vne certaine Dame vous veut dire trois ou quatre mots.

l'Es. Elle veut parler à moy.

B. Ouy monsieur la voila, ie me recommande à vostre Seigneurie.

l'Es. A Dieu Blaise, ie suis vostre.

El. Demeurez tous d'eux derriere la
porte. Dieu vous doint le bon iour,
Seigneur Capitaine.

l'Es. Bon iour Madame, que veut
dire cecy?

El. Ie voudroy, sans vous incom-
moder, dire trois ou quatre mots.

l'Es. Ce me sera vn grand contentement vous pouuoir faire quelque

ſeruice.

El. Ie prie voſtre Seigneurie ne s'eſ-
merueiller, & m'excuſer ſi ie luy dy
choſe qui ne luy plaiſe, puis que ie ne
puis faire autrement cela eſtant de la
volonté de Madame.

PE. Que voſtre Seigneurie parle librement.

El. Si en toutes les choſes qui ſe font
on pouuoit ſatisfaire à ſoy, à la con-
ſcience, & à l'honneſte, ce ſeroit aſſez
bien & vertueulemét beſongné, ſans
chercher plus auāt: mais pource qu'il
eſt encores beſoin ſatisfaire au móde,
& à l'vniuerſel, ains au vulgaire: de la
procede que ce n'eſt ſeulement aſſez
de bien faire, mais faire en ſorte que
le monde le croye, & ne voye autre
choſe tant petite ſoit elle, qui luy
puiſſe faire croire autrement. Ie
ſçay que voſtre Seigneurie, ſuiuant
la ieune Dame qui demeure icy né le
fait à mauuaiſe intention. Et que
Madame Conſtance ne peut dire
auecque verité, auoit iamais veu en
vous aucun acte deshonneſte, ny ſor-

tir de voftre bouche vne mefchan-
te parolle. Toutesfois, pource que
la fuiuez ainfi, ie ne dis pas par
les Eglifes de Troyes, pour ce
que ce vous eft vne chofe ordinaire, mais au village, & quafi par
tout, ou elle va, luy pourroit cau-
fer quelque infamie & donner occafion de parler, aux mauuaifes langues qui né cherchent qu'à mesdi-
re, elle & moy vous prions par la
gentilleffe & courtoifie qui regne
& vous, qu'il vous plaife en ceft affaire proceder plus modeftement,
affin que comme vous eftes honnefte & d'vn bon cœur, chacun voye
que tel vous eftes en apparence, dequoy fi nous faictes ce plaifir nous
vous ferons elle & moy perpetuelle-
ment obligées, fans ce que vous ofte-
rez l'occafion de parler mal, à ceux
qui cherchent calomnier Madame
Conftance enuers fon mary, d'eftre
peu honnefte, & vous enuers le
monde, d'eftre vn gentilhomme mal

aprins : là où elle est tres honneste
Dame, & vous tres honneste gentilhomme & bien sage.

l'Es. Puis que si benignement,
& auec tant de modestie & bonne
grace, vostre Seigneurie m'a decla-
ré vostre bonne intention & l'Am-
bassade de Madame : ie vous en réds
graces immortelles. Ie ne sçay que
ie doy respondre sinon, que si cherchant la veoir i'ay failly, ce n'a esté
par malice, & ce que i'en ay faict
ce a esté, pour ce que ie pensoy que
pour conseruer son honneur, c'e-
stoit assez ne passer les termes de
l'honnesteté, ny aller plus outre
que ce qu'il est requis. Mais pource que comme vous pensez cela
n'estre assez, ie seray à l'aduenir plus
aduisé que ie n'ay esté par cy deuant. Bien vous puis ie dire qu'il
n'y à personne, qui ayt iamais plus
honnestemét aymé femme que i'ayme Madame, dequoy elle peut rendre bon tesmoignage : pource que

n'ayant eu aucune volonté sinon
bonne, ie n'ay aussi iamais ny auec
elle, ny auec aucune autre, faict ou
dict chose qui me peust faire paroistre mal aprins & deshonneste. Iufques icy ie me suis contenté de la
veoir. En cela ie satisfaisoy honnestement à toutes mes volontez & de-
sirs, mais puis que encores cecy m'est
desnié, affin qu'elle & vous cognoif-
siez que i'ayme mieux faire sa volonté que la mienne ie m'en abstien-
dray.

EL. Nous ne vous requerons de
cela, & ne sommes tant sottes que
vouliós empescher aucun d'aller par
les ruës publiques, ou par les Egli-
ses. Il nous suffit seulement qu'en
certains lieux, comme au village,
vous alliez auec vn peu plus de
respect.

l'Es. Ie feray de bonne volonté tout
ce que vostre Seigneurie me commande, & si en autres endroits ie
vous puis seruir dictes le moy, car
vous me trouuerez tousiours à vo-

ftre commandement.

El. Nous vous remercions. Et en recompenſe diſpoſez de nous comme ſi nous eſtions vos ſœurs, pource que voſtre grande courtoiſie merite que nous vous tenions au lieu de frere. Dieu ſoit auec vous.

l'Eſ. Ie vous baiſe les mains. Qui eſt bien nay, & vrayement homme de bien, le demonſtre en toutes actions. Quelque ſotte, ou femmelette de petit entendement, & non d'vn beau & gentil eſprit comme eſt ceſte ieune Dame, ayant à deſdain ma façon de faire, auroit monſtré ſa folie parce qu'il y en a aucunes qui croient ne pouuoir eſtre tenues pour bonnes femmes ſi elles ne fő quelques brauades ou ne monſtrent vn viſage de gens d'arme à qui les regarde. Ou ſi en toutes actions elles ne ſe font paroiſtre vilaines & ſuperbes faiſant la nicque, & crachans de meſchantes parolles, ains du venin, ou faiſant telles & ſemblables choſes peu conuenables à perſonnes d'honneur. Ma-

D v

dame n'en a faict ainsi, laquelle en
tous ses faicts & ses dicts s'est mon-
strée estre vne sage & bien apprinse
Damoiselle, comme elle môstre bien
à son visage, lequel (sans qu'aucunement l'amour me deçoiue) souspire
vn ie ne sçay quoy d'Angelique & de
diuin. Mais est il possible que mon
laquais que i'auoy enuoyé il y a plus
de deux heures, querir en mon logis
ma harquebuse, & m'amener mon
cheual ne sois de retour? Il me semble que ie le voy, ouy c'est luy mesme, il lie le cheual la bas, le voicy. Tu
es bien eschauffé.

DE L'ACTE III.

SCENE II.

l'Espaguol.   Le laquais.

LE'Ep. QVe veut dire telle haste!
Laissez moy reprendre
mon haleine pour l'amour de Dieu.

l'Esp. Qu'y a il de nouueau?

L. Quant i'ay esté arriué à la maison. I'y ay trouué deux gentilshommes qui vous y attendoient, & que
deux heures auparauant vn messager en poste, vous auoit apporté ces
lettres, & ne vous y ayant trouué les a laissées à la seruante, &
s'en est allé faire ses affaires par la
ville.

l'Es. Ou sont ces lettres?

La. Patience, attédez s'il vous plaist
que ie les aye tirées de ma pochet-
te: les voyla.

Esp. Par la presente laquelle ie vous
enuoye en poste.

La. Que diable veullent dire tant
d'admirations? ce doiuent estre quelques lettres plaines d'esprits, puis
qu'on faict tant de signes de la
Croix.

l'Es. Cela ne peut estre. Laisse moy
veoir le reste.

La. Il rit, les affaires se doiuent bien
porter.

l'Ef. Les hommes veullent eftre de cefte façon, ie veux eftre efclaircy du tout deuant que le Soleil fe couche. Sus va d'eftacher le cheual : car ie veux tout à cefte heure monter def-fus pour en diligence aller en la maifon.

La. Ho, voicy mon cas, fi ie me fuf-fe icy trop arrefté, i'eftois en danger ayant chaut & me trouuant plein de fueur, ie me refroidir.

l'Ef. Me voila refolu. Allons, mais vien ça.

La. Me voila, que vous plaift il?

l'Efp. Approche, prefte l'oreille.

La. Vous pouuez parler haut, car il n'y a icy perfonne.

l'Ef. Approche toy dif ie. Ie voy bien s'il n'y a perfonne ou s'il y a quelqu'vn. As tu entendu?

La. Ouy Monfieur, laiffez moy fai-re: il n'y aura faute, mais attendez ie vas querir le cheual.

l'Ef. F y ce que ie t'ay dict, & ne te foucie d'autre chofe.

La. Contre toute mon efperance,

i'ay c'eſt aduantage de m'aller promener à mô ayſe ou bon me ſébleras,
mais ie voy ie ne ſçai qui ſur la porte.

DE L'ACTE III.

Sc ne III.

Conſtance. Eliſabeth Spinette.

C   GRand a eſté voſtre diſcours
        Madame Eliſabeth.
E.   Vous auez bien tout entendu,
ſans que ie le vous repete.
C   Il eſt vray que i'ay tout ouy, &
me ſemble qu'auez tres bien dit, ſans
pourtant oublier la Seigneurie.
E. Qu'y voudriez vous faire, il faut
viure ſelon l'vſance , & en toutes
choſes s'accouſtumer auec toutes
perſonnes.
C. C'eſt bien dict. Or Madame
Spinette, retournant à ce que ie n'ay
peu ce iour l'huy acheuer de vous
dire, Ie vous aduerty que Leonard
ayant entendu qu'Anthoine eſtoit

LA CONSTANCE
en ces quartiers, partit d'icy il
y a enuiron vn mois, & iura que
l'ayant trouué, il ne retourneroit
iamais par deça qu'il ne le rame-
naft, fon intention eftant, quoy
qu'il en fuft, de le reconduire au
pays.
Sp. Dieu vueille, Madame Conftance, que foyez de mefme volonté.
C. N'en doutez point. Car moy
attendant l'vn & l'autre de iour en
iour, ains d'heure en heure, i'ay voulu que foyez icy prefente à leur arriuée, & affin que hors toute efperace,
reuoyez voftre cher frere : & que
comme prefente vous foyez affeurée
de ce que ie vous ay dict il n'y a pas
long temps.
Sp. Ie prie Dieu vouloir qu'il foit
ainfi que vous l'efperez. Mais voicy
le faict. Si Anthoine eft viuant, &
s'il eft vray qu'il fe trouue au lieu
qu'on à dict a Leonard.
C. Ie vy, en l'efperance que le

vous ay dicte. Or soit la volonté
de Dieu accomplie. Cependant, allons s'il vous plaist en la maison
de pœur que cest air ne vous fasse
mal.

Sp. Allons, pourueu que ce soit
pour vostre commodité.

E. Allez, ie m'en vas tout à cest
heure apres vous. A la verité on
ne peut ny doibt-on faire iugement des hommes, si premierement on n'a entiere cognoissance
d'eux. Ie reputoy ce Soldat vn homme de rien, vn malotru, mais puis
n'agueres l'ayant ouy parler si honnestement & auec tant de modestie,
ie l'ay trouué tant honneste qu'il
n'y à chose que ie ne voulusse faire
pour luy. Il n'est pas besoin si plusieurs d'vne profession ne sont dignes d'autre chose que de blasme,
les enfagoter tous ensemble, ny
croire qu'entre eux il n'y en ayt des
bons & vertueux: pour ce, à la verité,
comme le monde a esté & sera tou-

fiours de mefme, ainfi ont efté & feront toufiours en toutes profeffions
des bons & des mauuai. Mais pour
reuenir à ce que ie m'eftoy en moy-
mefme propofé de dire, touchant
l'honnefteté & bonnes façon de faire de ce foldat, ie iure que fi i'eftoy
ieune (& ie penfe que plufieurs de la
compagnie en feroient ainfi) ie ne
pourroy finon aymer honnefte néc,
ceux defquels ie péferoy eftre vrayement aymee, pourueu que ce fuffent
des honneftes & bien apprins amoureux. Bien eft vray que comme cela
aduient, on n'en peut ny doit on
toufiours faire demonftration, tant
pour ne donner la hardieffe à qui fe
cognoiffant en quelque endroit eftre
aymé de vouloir pafer les bornes,
que pour ne bailler occafion par là,
d'eftre par le vulgaire qui toufiours
incline à la pire partie, réputée moins
honnefte, ie vous penfois conter
quelque chofe de plus, mais il n'en
faut aller car ie voy Madame Conftance qui n'appelle.

DE L'ACTE. III.

SCENE IIII.

Constance.   Elisabeth.   Blaise.

Q Voy, madame Elisaber ne m'o-
yez vous pas?
E. Ouy de par Dieu, me voicy.
C. Allez vn peu en la maison tenir
compagnie à madame Spinette,
qui est seule, pour-ce que ie veux vn
peu parler à Blaise, & sçauoir de luy
quelle accointance il a à l'Espagnol,
auec lequel ie l'ay auiourdhuy veu
deuiser.
E. Or sus ie vas donc trouuer Madame Spinette.
C. Allez ie vous iray tantost trouuer. Mais voicy le galland. D'ou
viens tu?
B. D'icy pres, de la maison des La-
boureurs
C. Tu es tousiours à te promener
ou à iouer. Dieu sçait comme le

Chenal est gouuerné.

B. Tresbien.

C. Il luy faut demander. Qu'as tu
affaire auec ce Soldat auquel n'a-
gueres tu parlois si familierement?

B. Dieu me soit en ayde. Rien que
bien. Ie le congnois, ie ne sçay comment. Il est vray que l'autre iour ie
m'en allay en la maison du Sieur de
Lauau ou il estoit, & la son seruiteur me monstra tous les bastimens
& les iardins du lieu, en la presence
de son maistre, me faisant mille caresses.

C. Luy as tu iamais parlé de moy?

B. Non. Madame.

C. As tu esté en sa propre maison?

B. Ouy Madame, ne vous l'ay ie
pas dit?

C. Il est donc Capitaine, quoy?

B. Non, Madame, comme ie pense
Ce neantmoins, il est bien venu
& honoré d'vn chacun, & est au logis comme vn Seigneur, & si son laquais ma dit la verité. Il a, ie ne sçay

ſi c'eſt du Seigneur qui luy eſt grand
amy, ou d'autre, vne honorable pro-
uiſion, & ie le croy, pour-ce qu'il
tient deux ſeruiteurs vne ſeruante,
& vn bon cheual.

C. Ie t'ay mainte fois dict que tu ne
hantes telles gens, & tu veux en cela
comme en toute autre choſe faire
à ta teſte.

B. Voulez vous que l'on me tienne
pour vn aſne? Si au commancement
ie ne l'euſſe cogneu pour autre
qu'homme de bien, ie n'y euſt iamais retourner depuis. Mais en bonne verité, il me ſemble fort honneſte homme & bien apprins, Voyla ſon laquais qui chemine la teſte baiſſée, il peut auoir perdu quelque choſe.

C. A ſon dam. Blaiſe ſçay tu ce
que ie te veux dire auant que ie m'en
aille en la maiſon?

B. Quoy, Madame?

C. Si i'ay eſté contante que tu faces
quelque petite niche au maiſtre, ie ne
veux pas pourtât q̃ tu luy faces choſe

que ce soit, qui luy soit de dommage.
Ce n'est pas bien faict de se moquer
des simples & ignorans, non plus
que des affligez & miserables.
B. N'en ayez pœur Madame. C'est
assez que vous en rirez, & il n'en
pleurera pas. Mais que va cherchant
cestuy-cy. Ie luy vas demander &
demeurer vn peu auec luy iusques
à ce que M. le Pedant se mette en
ordre.

DE L'ACTE III.

SCENE V.

Le Laquais de l'Espagnol, & Blaise.

IE voudrois bien encores faire
d'auantage pour mon Maistre,
qui me porte vne si grande amitié.
En effect ces Seigneurs & maistres
qui sont aymez se gouuernent plus
sagement que ceux qui sont seulement craints, parce que ceux qui
ayment, craignent quant & quant

de ne desplaire à la chose aymée. Ce
que ne faict la crainte quand elle
marche deuant, & est suiuie de l'a-
mour, que beny soit il.

B. Et depuis quãd es tu deuenu sage
Farfanique?

L.   C'est proprement depuis le
Iour que tu as prins possession de la
folie, pour en iouir à perpetuité.

B. Qu'as tu perdu, que tu regardes
ainsi contre terre ?

L. I'ay perdu, ie ne te veux pas dire
quoy.

B. Leue le front & regarde au visage ceux qui parlent a toy ?

L   Ie te prie ne me romps point la
teste. Car ie suis ruyné, non pas que
ie me soucye de dix escus qu'il peut
valoir, mais pour ce que.

B. Resues tu, ou si tu dis à bon es-
cient, qu'as tu perdu ?

L. I'ay perdu les pastenostre de mon
maistre, le sçais tu maintenant ?

B. Quelles sont les pastenostre de
ton maistre, vn Cappelet ? Comme
ainsi le s as tu laisser cheoir ?

L. Mon maiſtre les tenant n'agueres
entre ſes mains, & voulant faire ie
ne ſcay quoy, me les bailla garder, &
ie ne ſcay comme ie les ay perdues.
B. Ton maiſtre doit eſtre de ceux
qui en apparéce font deuant le peuple vne grande môſtre de deuotion,
& font vn grand bruict auec les
grains de leurs paſtenoſtre. Se mettent à genoux en leur chambre, & ſe
promenant ſeuls, meditent pluſieurs
choſes, & non comme ces hydropi-
ques pour eſtre ouys & veuz de tout
le monde, ie veux dire hypocrites.
L. Ie n'ay que faire de tout cela. Ie
ſuis faſché de les auoir perduës.
B. Veux tu que ie t'ayde à les chercher?
L. Ie t'en prie. O paſtenoſtre be-
niſtes.
B. Comme ſont elle faictes? Sont
elles comme les Aue Maria?
L. C'eſt vn Chappelet noir, Ne te
l'ay ie pas dit. Et les gros grains ſont
des houttons d'or, auec vne houppe
de ſoye verte.

B. Commançons d'vn cofté, & allons tout le long du chemin par ou
tu as efté, iufques à l'endroit ou tu
tes aduifé les auoir perdues , par
ainfi il fera fort aifé les trouuer.
L. Tu dis vray. Sy tu les trouue ie
te donne vn ducaton.
B. Ie feray bien aife de faire chofe
qui puiffe eftre agreable à tó maiftre
& à toy. Ie voudrois bien fi ne les
trouuons fi toft que nous voudrions
bien, que me fiffes vn plaifir, & en
cela ie ne me puis feruir d'autre que
de toy.
L. Si c'eft chofe qui importe. Allons fans y fonger d'auantage. D'autant que fi ce que ie cherche eft perdu. Il faudra en fin prendre patience.
B. Allons toufiours cherchant, car
quoy qu'il en foit. Ie veux qu'entr ós en la maifon par l'huys de derriere, affin de n'eftre veuz.
L. Allons ou tu voudras. Qui font
ceux la ?
B. Que diable fçay-ie. Penfons à
nos affaires.

DE L'ACTE III.

SCENE VI.

Aurelian & Gerard son amy.

I'Ay esté en la maison de Louys,
plus pour trouuer Gerard mon
grand amy que pour autre chose, ce
que ie n'ay faict, pour iceluy s'estre
allé esbatre ie ne sçay où, neátmoins
ie desire sur tout le veoir auant mon
partement, d'autant que faisant autremét ie ferois tort à nostre amitié.
Car ie me doute qu'ayant sceu pourquoy ie veux partir si tost, comme
tref courtois & amiable il n'e cri-
ra, & s'efforcera en tout ce qui luy
sera possible d'empescher mó voyage. Mais qu'il face tout ce qu'il voudra, ie suis en résolution de partir. Ie
confesse que ie fais mal mais ie ne
puis faire autrement. Le voicy tout à
propos qui doublant le pas vient deuers moy. Retournant de la maison,
peut

peut estre que Louys luy aura dict
que ie n'y estoy pas, ce qui l'aura occasionné de venir apres moy, & à ce
faire a esté induit par Louys. Et pourquoy mon bon amy Gerard vous
hastez vous ainsi?

G. Pour vous r'ataindre, & bon
pour moy d'auoir faict ainsi, pour ce
que peut estre si ie ne me fusse ha-
sté vous eussiez party sans me dire
à Dieu.

A. Ha pensez vous que ie voulusse
faire cela?

G. Ceux qui sont seruiteurs d'A-
mour, comme vous pouuez estre,
peuuent croire toute chose, & qui
s'oblie soy-mesme ne peut il aysement oublier ses amis? mais si comme on m'a dict, deuez encores estre
icy pour quelques affaires, expediez
les au plustost, puis irons nous promener vn peu de compagnie.

A. Non non, ie veux premierémét
sortir d'affaires auec vous, affin qu'au
plustost retournez à Louys, qui me
prie que ce soir ie ne le priue de vo-

E

ſtre compagnie. Quât à moy, ie veux
quoy qu'il en ſoit partir pour aller en
Bourgõgne pour les affaires que ſçauez, & pourray là demeurer deux
mois pour le plus. Ie ne vous veux
reduire en memoire, que comme i'ay
eſté cy deuant, ie ſeray touſiours voſtre, pource que ces ceremonies ſont
mal ſeantes entre nous. De meſme,
ie vous recommande mes affaires,
dont ie vous parlay il y a enuiron
deux iours, dequoy toutesfois il n'en
eſt pas beaucoup de beſoin, veu noſtre amitié. Vous priant neantmoins
bien fort, que ſi auez affaire de quelque choſe m'en aduertiſſiez auant
mon partement : vous ſçauez que
moy & ce qui en deſpend ſont à voſtre commandement.

G. Ie me ſuis haſté de vous venir
treuuer, pour vous prier me faire vn
plaiſir que ne me deuez aucunemẽt
deſnier.

A. Ie veux que ſcachez que ce
que me ſçauriez demander, ne vous
ſera iamais par moy refuſé, & fuſ-

ce ma vie, noſtre amitié n'eſtant
vulgaire, mais telle que vous ſçauez.

G.   Il ne vous eſt pas caché, Aurelian, qu'au rang des bons & vrays
amis, on ne met ſinon ceux qui au
grand beſoin, & ou il va de la vie &
de l'honneur de l'amy, s'ẽployẽt ny
plus ny moïs que pour eux meſmes,
& ce qu'ils tiennent de plus cher.
Or pour ne vous tenir plus en lon-
gueur, & ſelon mon pouuoir ſatisfaire à ce que ie doy, comme
voſtre treſ-affectionné amy, i'ay
eſté aſſez long temps à attendre ſi
la medecine opperoit d'elle meſme, mais en fin ayant congneu que
la choſe alloit de mal en pis, & qu'a-
uez plus beſoin de conſeil que iamais, & encores qu'eſtes plus proche
du danger eminent que ne fuſtes
oncques: ie veux ſatisfaire à mon deuoir enuers vous, pour n'auoir a en
rendre conte à Dieu.

A.   Ie ne ſuis pas deuin, mais il pleu-
uera apres tant de tonnerres.

E ij

G. Ie sçay bien qu'en Bourgongne
auez des affaires d'importance, mais
ie sçay bien aussi que ne partez pas
pour cela, ains pour aller apres Gif-
monde qui partit hier pour aller en
ces quartiers là. Ie ne dors pas ainsi
que pensez, non.

A. Si cela est vray, ie prie.

G. Ne iurez point pour l'amour de
Dieu.

A. Vous estes en grande erreur,
croyez moy.

G. Pleust à Dieu que ie fusse en erreur, mais sçauez vous que ie vous
veux dire? & si parauanture ie passe
plus outre que ie ne deuroy, vous ex-
cuserez l'affection que ie vous porte. Ie crain que ceste ne soit vostre
derniere ruyne, vous auez esté &
estes pour deuenir amoureux : mais
ce qui est la plus à craindre, c'est que
vous estes donné en proye à la plus
meschante & desloyalle femme qui
viue. Quoy plus? elle est femme du
monde, pour ne dire putain, & des
plus fines & meschantes qui furent

iamais, n'auez vous pas defia efté au
moins par deux fois en danger d'e-
ftre tué à fon occcafion?

A. Nenny que ie fçache.

G. Vous le fçauez bien, & encores
ne voulez retourner en vous. I'ay va-
cillé quelque temps, fi ie deuoy vous
faire ce difcours ou non, en fin ie me
fuis refolu, en aduienne ce qui pourra de vous dire comme ie l entend. Et
quand pour autre chofe ne me deuriez croire, vous le deuez pour la
pratique que i'ay, (ainfi ne l'euffe-ie
à mon dommage) de femblables perfonnes. Aurelian tandis qu'auez efté
ieune vous auez vefcu comme vn
vieillard, & maintenant qu'auez
trente ans & plus fur les efpaulles
eftes deuenu fol.

A. Que voulez vous que i'y face?
vous me confeillaftes ne la tenir plus
auecque moy, ce que i'ay faict pour
vous complaire. Si l'ay efté veoir
vne fois en vn mois, eft-ce fi grand
cas?

G. Ie fçay trop comme le tout en va.

A. Que voulez vous par voſtre foy
que ie face?

G. Que vous effaciez de voſtre me
moire ceſte là, & que redeueniez le
meſme Aurelian qu'eſtiez il y a dix
mois, Car on ne parle d'autre choſe
par Troyes.

A. Il faut auoir le pouuoir.

G Il faut auoir le vouloir, vous aurez
commancé par mocquerie & finy à
bon eſcient, y a il vne plus miſerable
& malheureuſe que celle de celuy
qui ſe donne en proye, comme auez
faict, à vne tres deshonneſte femme,
qui outre qu'elle vous deſrobbe l'a
me, les biens, & vous faict viure tres
mal contant, vous oſte encores, ou
fera cauſe de vous oſter la vie par
quelqu'vn. Si ie vous puis dire la
verité, vous eſtes tant changé de
ceſt Aurelian que vous eſtiez, que
quand à moy ie ne ſçay ſi ie doy pen
ſer ſi vous eſtes le meſme ou non, en
fin trop ſe trompe le iugement hu
main, vous ne reſpondez rien?

A. Que puis ie autre choſe reſpon-

dre sinon que ie voy ce que ie fay, &
que le vray, mal cogneu, ne me de-
çoit point, mais que l'amour me
contrainct.

G. Ce que vous dictes sont toutes
chansons, aucun ne faict mal sinon
par soy mesme, mais passez plus auāt
& vous souuiendrez de vostre Gerard, & adonc vous voudriez auoir
faict à sa mode, mais ce sera trop
tard. Pensez vous que comme ie
vous ay dict, ie ne sçache pas que
vous allez apres Gismonde qui est
desia partie pour aller en Bourgongne? Et pourquoy faire? pour des-
pédre à sa poursuitte autres trois cēs
escus, & peu apres la vie, ne voyez
vous pas pauure hōme que vo⁹ estes,
qu'elle vous a mis le lyen au col, &
vous tire ou elle veut, vous courez à
la mort & ne vo⁹ en apperceuez pas.
A. Tout cecy ne sont que bayes.
Gerard vous vous trompez, pardonnez moy si ie dis cela.
G. Ie sçay que ces propos vous sont
coups de poignard, mais ie ne puis

E iiij

faire autrement, & foyez neãtmoins
affeuré, que i'auroy penfé toute autre chofe que venir en ceſt *altercas*
auec vous. Et que vous, qui depuis
vn an auez baillé confeil à tout le
monde, eſtes venu à ce point, que
chacun en fçait plus que vous mefmes. Vous eſtes aueuglé. Ie vous dy
qu'auez perdu toute cognoiffance:
& ie cognoy d'où procede tout voſtre mal, comme auffi de tous ceux
qui fe trouuent aux termes que vous
eſtes.

A.   D'où procede ce tant grand
mal?

   De vous faire entendre que ceſte-
cy eſt amoureufe de vous, & le naturel de toutes ces femelles, eſt de faire la pafmée pour l'amour de ceux
qu'elles fçauent auoir bonne bourfe,
puis fe mocquent d'eux en derriere,
& ne vous recompenfant de tant
d'argent que desbourfez pour elles,
finon de quelques reuerences, tẽ-
dant les bras à tel que i'ay honte de
dire:& faoulant leurs deshonneſtes

volontez auec des hommes de mesme farine qu'elles sont.

A. Elles ne sont pas toutes pareilles, Gerard, car il s'en trouue aucunes assez gentilles & bien apprinses selon leur qualité.

G. Ie le vous accorde, mais si rares sont celles qui ont tant soit peu de bon, que c'est beaucoup d'en trouuer vne entre mille. Et iaçoit qu'il s'en trouuast grand nóbre. Ie vous sçay dire que vostre Gismonde ny peut estre comprise, ains si aucune est au rang des mauuaises, elle tient entre elles la principauté, ou à tout le moins vne des plus signalées charges.

A. Ie vous puis asseurer, qu'elle me porte plus d'affection que ne pensez.

G. Quand vous monstra elle vous porter si grande amitié ? & quand commançastes vous à la tenir à vostre poste?

B. Ce fut lors qu'elle m'aymoit à bonescient.

G. Et ie vous veux faire toucher

auec la main, que lors vous n'estiez
pas si tost sorty de la porte, qu'elle
mettoit secrettement & auec diuerses excuses, vn amant son pareil en la
maison, auec lequel en se mocquant
de vous, elle iouissoit de ce que luy
auiez donné à pleine poignée. Co-
gnoissez vous sa main, ie veux dire
son escriture?

A. Ouy ie la cognoy fort bien.

G. Or lisez(puis qu'il faut mettre la
main à ces fers pour vous guerir, &
aux armes pour vous vaincre) ces
lettres, & vous esclaircirez tellement, que porterez hayne à vous
mesme, tant qu'aurez souuenance
de ceste là. Et d'auantage lors qu'il
vous plaira (mais cela seroit trop) ie
vous en esclairciray d'autre façon.
Lisez les à vostre aise, & vous verrez auec quels mots honnorables elle parle à vous. Mais pour reduire le
mille en vn, vos affaires de Bourgongne ne sont tels, qu'vn autre ne puisse faire ce que vous feriez. Partant

ie ferois bien aife que ne fiffiez autrement ce voyage, & qu'en change
allaffiez penfant de vous accompa-
gner auec vne belle & bonne femme, pour viure auec icelle, & les enfans qu'il plaira à Dieu par fa grace
vous donner, & comme il eft honnefte & requis à vn gentilhomme.
Quelle autre chofe voulez vous, ou
pouuez vous faire, qui foit plus louable que cefte cy ? Vous confoleriez
voftre mere qui ne defire autre chofe, vous mettre voftre efprit en repos, & remplirez voftre maifon qui
à deffaut d'homme. Et prenez refolution que quant au monde, ne fe peut
trouuer aucune vie qui foit plus
Chreftienne & ciuile, ne fina-
lement plus honnefte & tranquil-
le, que celle d'vn gentilhomme aifé
comme vous eftes, viuant auec fa
femme & fes enfans pour feruir à
Dieu, au pays, au Prince, & à
tous hommes. Et fi vous vous difpo-
fez à cela, comme ferez fi aymez

voſtre bien, ſoyez aſſeuré qu'auant qu'il ſoit quatre mois vous me beni-rez de bon cœur.

A. C'eſt grand choſe Gerard, qu'en ces affaires des femmes, la plus part de ceux qui conſeillent les autres à ſe marier n'en veullent eux meſmes rien faire, & vous eſtes vn de ceux-là.

G. Si mon eſtat eſtoit tel qu'eſt le voſtre, ie vous monſtrerois plus par effet que par parolles, combien ie loue & approuue ceſte vie là, faictes à ma mode, & auec vn incredible côtentemét vous cognoiſtrez, qu'elle difference il y aura de la vie que lors vous menerez à celle qu'auez iuſques à maintenant ſuiuie. Iuſques a vn certain aage on ſouffre beau-coup de choſes à la ieuneſſe, leſquel-les apres ſont blaſmables & à meſpri-ſer. Dites moy par voſtre foy, en auez cogneu ſinon bien peu (ie ne parle des gens d'Egliſe) qui ſans femme n'ayent eſté infames, & n'ayét pour la plus part faict vne mauuaiſe fin?

A. Helas que me dictes vous? Femme hé!

G. Ouy femme, ie n'ay pas blafphe-
mé.

A. Or bien nous en parlerons vne
autre fois, c'eft affez que pour cefte
heure ie vous ay ouy en patience,
comme celuy que ie cognoy n'auoir
efté meu d'autre chofe finon d'vne
pure & faine affection. Et peut eftre
encor par les prieres de ma mere &
de qui me veut du bien, mais laiffons
cela pour cefte heure, & aux occafions qui fe prefenteront vous verrez combien ie fay mon profit de vos
bons propos & amoureux confeils.
Mais puis que iufques à maintenant
vous auez, fans iamais eftre interró-
pu diét tout ce que vous auiez enuie
de dire, il eft raifonnable qu'auec
patience vous oyez mes raifons, lef-
quelles entendues, ie fuis cótant que
vous mefmes rendiez la fentence &
la prononciez. Mais pour ce que
ie fuis las d'eftre fi long temps debout en vne place, vous irez retrouuer Louys, & incontinent apres ie

vous iray veoir tous deux, puis ie reuiendray icy, pour expedier ce que
i'ay affaire auec Madame Spinette.
G. Ie vous en prie de grace, & trouuez ce pendāt les lettres que ie vous
ay dónées n'y a pas fort long temps.
A. Ie penfois à cela. Allez donc,
car ie voy quelqu'vn qui fort de la
maifon.

DE L'ACTE III.

SCENE VII.

Blaife. Fidence. Le laquais.

O Que i'ay bien faict de fortir dehors, auparauant que le maiftre
fuft efchappé des mains de ceux qui
le tenoient. Iaçoit que à la brune il
m'ait cogneu comme ie péfe, Si eft-
ce que pour eftre forty deuant luy,
i'ay opinion de luy faire croire ce
que ie voudray. Et fi le laquais qui
m'a aydé fort bien toft de la maifon,
tout fe portera bien. Le voicy tout à

point, il ne failloit pas arrester d'a-
uantage. O comme de grand courage rient ma maistresse & ces autres
Dames.

F. *Vbi ego illum scelerosum, miser, at-
que impium inueniam?*

B Helas qu'auez vo° maistre, qu'y a il?

F. *Vt ego vnguibus illi in oculos innolem
venesico?*

L. Qu'à ce pauure homme?

B. Qu'auez vous dictes moy?

F. *Rogitas audacissime?* Que i'ay?

L. Quel langage de parroquet parle cestui-cy?

B. En verité ie ne sçay que c'est que
vous auez, que veut dire vostre robbe ainsi enueloppée sous vostre bras?
Ou est vostre bonnet? ou sont vos
pantouffles? pourquoy ne rehaussez
vous vostre haut de chausse? parlez si
vous voulez.

L. Tu ne voys pas Blaise, quels yeux
faict cestui-cy? ie pense qu'il est fol
ou demoniacle.

F. *Lingua hæret metu. O infelicem fi-
dentiam.*

B. Dequoy estes vous tant perplex
& esmerueillé.

L. Dites donc, & parlez en sorte
qu'on vous entende.

F. Blaise ie tenoy pour tout asseuré
que tu estois de la menée & compli-
ce du faict, mais puis que hors de
toute croyance ie t'ay trouué icy, ie
ne sçay que dire.

B. Ha maistre vous sçauez bien, dictes moy qui a il?

F. *Quid tibi ego dicam miser?*

L. Pourquoy perdons nous ainsi le
temps, si auons veu, & nous sommes
trouuez à tout ce qui s'est passé?

B. Tu n'as point d'entendement,
voicy le plaisir, mon maistre si tost
que l'amy tant beau & bon fut entré
en la chambre ou vous l'attendiez
sans clarté, ie m'en reuins deça, &
n'en sçay autre chose, mais ie doute
que maintenant qu'auez obtenu ce
qu'auez tant desiré, ne vous vouliez
mocquer de moy.

F. Blaise mon amy, pour autant que
ie me fie en toy, ie te veux tout ra-

conter. *Sed quis puer hic?*

B. C'eſt vn ieune garſon mon parent, parlez hardiment.

F. Voy combien l'ennemy du gen-
re humain cherche touſiours de faire
romprele col à autruy. *Vbi ingreſſa*
eſt ad me, ſtatim mediam mulierem com-
plector. Me preparant eu ten tu?

B. Pourſuiuez.

F. mais que dirois-tu que ie trem-
bloy comme la fueille ſur l'arbre.

B. Puis que tu ne te veux garder de
rire, Farfanique retire toy arriere, ie
ne m'en eſmerueille pas, car il y a aucunes choſes qui ſe fot preſque touſiours auec crainte par ceux qui n'y
ſont accouſtumez, vous deuiez au
ſurplus eſtre à demy deſpouillé pour
mieux trauailler à la luyte.

F. Il eſt ainſi, mais ie ſçay dire que
ie chaſſay la pœur.

B. Comment?

F. Par ce qu'ayant prins courage,
ie l'affrontay, mais eſtans venuz aux
prinſes, mon malheur voulut que ie
tombay deſſoubs, parquoy mon en-

nemy montant fur moy à cheuau-
chons , au lieu de me careſſer me
mordoit,m'arrachoit la barbe, & me
faiſoit les plus eſtranges choſes du
monde. Ce pendant vn eſprit ou autre que ce fuſt, me lya eſtroitement
enſemble les pieds auec leſquels ie
m'aydois encores vn peu.
B.   Et que diable faiſiez vous des
mains?
F. Ie m'en deffendit quelque temps
le mieux qu'il me fut poſſible , mais
en fin aduint, ie ne ſçay comment,
que ie me trouué tout eſtendu ayant
les mains lyées ſur le cul , ceſte beſte
m'importunant touſiours, laquelle
m'a tant offenſé qu'il eſt impoſſible
que iamais ie me puiſſe bien porter.
B. Se peut faire que parauenture
vous auez laiſſé eſchapper de la bouche quelques mots que ie vous auois
deffendu , & dict que vous en gar-
daſſiez comme du feu. Qu'auez vous
à fouſpirer?
F. I'en ay bien l'occaſion. En ces en-
trefaictes Madame Conſtance accõ-

pagnée d'vne trouppe d'autres Dames, entra foudain en la chambre, &
les feneftres eftans ouuertes me vid
eftendu fur le lict, demy nud, & mes
parties honteufes defcouuertes.

B, Ie puis dire qu'elle a veu quelque
chofe de beau. Mais vous laiffez le
refte & le meilleur, que deuint ceft
amy.

F. Soudain qu'il entendit ouurir
l'huys. Il print incontinent au pied,
& fe fit quafi inuifible entre ces Dames. Quant à moy ie croy certainement que c'eftoit vn diable : & qu'il
foit vray madame Elifabeth en pourra parler, pource que quand il paffa
elle fit le figne de la croix.

B. C'eft affez, ie vous ay entendu.

F. Elle eftoit auec la Dame.

B. Et bien que vous dit Madame?

F. Dij *boni quibus verbis.* La plus re-
leuée vilenine & iniure qui iamais
ayt efté faicte au plus mefchãt qu'on
puiffe trouuer. Mais ie te prie ne
m'en fay point dire d'auantage :
penfe feulement quel ie deuins

me trouuant en la sorte que ie t'ay
dit enuironné de tant de Dames. Si
ie viuoy mille ans, ie ne me souuien-
dray iamais de ceste iournée que ie
ne sue & tremble de douleur. Va
donc Blaise va, & pren accointance des diables, mais plus *in æternum*.
B. Ie vous dy dés le commancemét
que si n'estiez duit & expert en ces
affaires, que ne vous y embrouillas-
siez point, & vous me dites que vous
en sçauiez plus que iamais en ceste
renommée science n'en sceurent
Agrippa, P. de-Abano, Arnaut de
Villeneufue, Arbatel, Cardan & autres. Or tout se porte bien, ne sçauez
vous pas que ces choses ne sont conuenables au Chrestien? Et si on sça-
uoit que vous en meslez, vous seriez
bruslé tout vif.
F. Ie te prie Blaise mon amy, mon
doux amy que tu vueilles.
B. Allons par l'huys du iardin en
vostre chambre, & la tandis que vous
rageancerez vos affaires, nous parlerons du reste.

F. Allons ou tu voudras.

B. Que fais-tu là Farfanique ? vien
en la maison.

L. Allons ie vous en ptie, car ie
meur de soif.

DE L'ACTE IIII.

SCENE I.

Aurelian.   Spinette.

O Combien ie suis ayse que Gerard a prins resolution de venir
ce soir auec moy à Troyes, & beaucoup plus, de ce qu'il m'a descouuert
les tromperies & trahisons de celle
qui faisoit semblant m'aymer sur
toutes choses, voire plus que sa propre vie. Se pourra il iamais faire,
que ie croye plus aux parolles & larmes des femmes? C'est vne pure verité, & le touche auec la main : dont
le doy remercier Dieu qui m'a faict
ceste grace. Mais pource que Gerard
ne demeurera gueres à reuenir icy,

on ie luy ay dict que ie l'attendroy,
iusques à ce qu'il fust allé prendre
congé de Louys, ce ne sera que bien
faict que ie m'expedie au plustost.
Tout à point ie voy Madame Spinette sur le pas de la porte.

Sp. Il est desia bien tard, & Aurelian ne vient point. Il aura oublié de
passer par icy, & peut estre demeurera ce soir auec só amy, mais le voicy.

A. Dieu veus donne le bon soir.

Sp. Tout à cette heure ie pensoy, si
passeriez par cy à ce soir ou demain
matin. Bon soir & bon an.

A. Et bonne heure encores d'auantage, à vous Madame.

Sp. Ie suis infiniment ayse qu'estes
venu icy, affin de vous retirer d'vne
vostre opinion, & pour vous faire
ouyr chose qui vous fera esbahir,
Auez vous point puis n'agueres sçeu
le tout?

A. Commançez de grace.

Sp. Pour ce que ie pense que le
sçauez, Il n'est pas besoin de vons re-
pliquer ce qui s'est passé, entre Da-

me Constance & Anthoine auant
qu'elle se mariast.

A.   Ie sçay bien tout cela.

Sp. Et combien grande a esté l'honnesteté & continence des deux.

A. I'auray tousiours cela en ma memoire, estant chose qu'on ne peut
dire estre souuent aduenue.

Sp. Peut estre moins que ne pensez.
Que diriez vous , si on vous disoit
que Madame Constance est autant
pucelle que quand elle sortit du
ventre de sa mere ?

A. Ie diroy que ie n'en croy rien ,
Icelle ayant esté auec son mary enuiron dix ans.

Sp. Ie suis contante qu'il y ayt dix
ans qu'elle à vn mary , mais qu'elle
ne la iamais hanté ny cogneu.

A. Madame Spinette , trouuez qui
croira cela, car quât à moy , ie ne voy
point qu'il y ayt de vray semblable.

Sp. Escoutez moy , s'il vous plaist,
C'est vn autant grand mal d'estre
obstiné, que de ne croire ce qui peut
estre, iaçoit que difficilemét, comme

de croire tout ce qn'on oyt dire,

A. Il est vray.

Sp. Outre cela vous croyez & tenez presque pour miracle, que le mesme luy est aduenu auec Anthoine, lequel elle ayme tant, & ne voulez vous induire à croire ce que sãs doute ie vous rendray tres facile. Mais escoutez moy, vous sçauez qu'Anthoine mon frere l'à fiancée, & comme elle luy a promis ne vouloir vn autre mary que luy, qu'aussi il luy à faict le semblable de ne vouloir iamais autre femme qu'elle.

A. Vous me dites icy vne belle chose, mais combien à elle esté en celle volonté?

Sp. Elle y a tousiours esté, & y est continuellement.

A. Toutesfois depuis peu de iours aptes, elle a prins Leonard, encores qu'on dise, qu'on eut bien de la peine à la faire consentir.

Sp. Si consentir à ceux qui peuuet quasi forcer les pauures filles à faire ce qu'ils veüllent, & qu'auant le cõsentement

sentement & libre volonté on face le
mariage, vous auriez raison. Aureliã.
A. Elle a esté si long temps auec son
mary, & iamais, ainsi que l'on dit, n'a
esté vne mauuaise parolle entr'eux,
n'est pourtant à croire que Léonard
l'ayt tenue en sa chambre comme sa
sœur.
Sp. Ains ne l'a pas tenue autrement.
A. Madame Spinette on peut croire toute chose, mais ceste cy est trop
malaisée. Ie sçay que Leonard est
ieune homme, qu'aussi Madame
Constance est ieune & belle femme:
parquoy posé le cas qu'elle eust deliberé en soy mesme, de demeurer
ainsi comme vous dites, il n'auroit
pourtant vne mesme volonté, si Dieu
n'a ainsi operé en eux miraculeuse-
ment, ie sçay bien que là où ioüe
l'obstination des femmes, elles veulent tousiours vaincre & emporter
le dessus, mais d'autrepart ie sçay aussi que les hommes sont hommes,
mesmes en certaines choses.
Sp. A vous autres ne semble possi-
F

ble, qu'vne femme, & particuliere-
ment en ces affaires puisse faire chose digne de merueille & de louange,
mais en cela vous estes trompez côme en plusieurs autres affaires des
femmes.

A. Ie ne dy pas que cela soit impossible, car y en a eu d'autres, si les hi-
stoires sont vrayes, mais nous ne
sommes plus en ces temps là. Or
poursuiuez ie vous prie de me dire
comme la chose est passée.

Sp. Madame Constance, apres tant
de batailles que vous sçauez, ayant
consenty à son pere fut mariée auec
Leonard, & le banquet des nopces
faict. Le soir d'apres qu'elle fut auec
son mary, & estant auec luy en la
chambre, elle (ainsi qu'elle m'a dict)
luy parla en ceste maniere. Les loix
tant diuines comme humaines.

A. O bon Dieu qu'est-ce que i'oy?

Sp. Veulent, O Leonard, que toute personne se garde autant que luy
est possible de faire iniures à son
prochain, & de celles principalle-

ment qui trop griefues offencent en
l'honneur ou l'homme ou la femme. Apres d'offenser Dieu directe-
ment, les hommes se doiuent tant
garder, que pluſtoſt ils s'offrent endurer mille morts que d'y auoir iamais penſé.

A. A quoy vouloit conclure ceste là?
Sp. Parquoy ſi dignes du dernier
ſupplice ſont iugez ceux, qui offen-
ſent le prochain en choſes ordinaires (pour parler ainſi) quelle peine
meriteroit vne perſonne, qui en vn
meſme temps offence griefuement,
Dieu & les hommes? moy, ô ieune
homme que vous penſez eſtre fille &
voſtre femme, ay promis & iuré à
Dieu de ne vouloir iamais auoir autre mary qu'Anthoine tant qu'il viura: & luy me acceptant pour telle,
appellàt Dieu à teſmoin m'a fiacée.
Apres eſt aduenu pour l'obſtination
de mon pere qui m'a donné à vous
pour femme, qu'à ceste occaſion
Anthoine s'eſt eſloigné de moy de
corps, mais non de voloté & de cœur

qui sera eternellement ioint auecle
mien.

A. Que respondit Leonard à cela?
Sp. Ayant demeuré long temps tout
pensif, dict, A Dieu ne plaise Constance que ie vueille que tu l'offen-
ses, ny Anthoine, ou moy-mesme.
Que ferons nous donc? Ie ne puis,
dict elle continuãt son propos, estre
legitimement voftre fémme rant
qu'Anthoine viura : mais où il se
trouueroit en vous tant de bonté, &
plus de courtoisie qu'en tous les autres hommes, ie vous prie à mon si
grand besoin , qu'il vous plaise me
faire ceste grace, de me laisser en voftre chambre, sans me toucher par
l'espace de cinq ans, iouyssant neantmoins de mon douaire & grãds biés,
iusques au bout de ce temps, si de
fortune Anthoine ne reuient, & de
bonne volonté , presupposant qu'il
fust mort ie consentiray que me pre-
niez à femme, estimant estre vray
semblable, que qui en vn si long téps
peut reuenir & ne tient conte reue-

nir en son pays, le renonce tacitement. Mon pere cependant pourroit encores.

A. I'enten bien ce que voulez dire,
poursuiuez.

Sp. Et si cela aduient, tout se portera bien. Leonard ayant entendu
tout cela, & longuement rauassé en
son esprit, promit par vn serment so-
lemnel, & le plus estroit qu'il peut à
la Dame Constance (ainsi qu'elle me
la raconté n'a pas long temps) tout
ce qu'elle sceut demander. Et com-
mançant dés le soir, tousiours depuis, tant que Leonard a esté en la
maison, l'vn couche en vne chambre, & l'autre en vne autre. Ce qui
n'a pas esté malaisé faire croire autrement aux seruiteurs de la maison:
Leonard estant ce pédant assez long
temps aux champs, tantost enuiron
vn an à Lyon, tantost six mois en vn
autre lieu, auec diuerses excuses, &
souuent, ains la plus part du temps,
au village & en ses mestairies, & l'autre à la ville, vous riez?

A. Ie ne sçay pourquoy. Ie suis oyãt ces choses, comme hors de moy, ne pouuant quasi parler. Et à la verité on ne peut publier pour courtoisie extraordinaire d'vn gentilhomme, sinon celle de Leonard, & la foy de Madame Constance, pour la plus grande qu'on ayt iamais trouué en femme. Et si tous deux cognoissent la faueur qu'en cela ils ont receu de Dieu en ce monde, ou il n'y a amour, ny foy, ny courtoisie sinon feinte & en apparence : ils sont vrayement tres-heureux.

Sp. Ie pourroy adiouster plusieurs autres choses qui se sont passées durant l'espace de dix ans, & vous dire auec qu'elle grande amitié ils se sont reciproquement aymez, si le lieu & le temps le permettoit. Mais ie diray seulement que iamais couple d'amans, soit de ces plus signalez, lesquels, vous hommes publiez & vantez tant, n'a & ne sera pareille à Cõstance & Leonard, si le monde duroit mille fois autant qu'il doibt du-

rer, vous faictes merueille de cela?
Et pourquoy entre l'homme & la
femme, ne peut estre vne sincere &
parfaicte amitié sans amour lascif,
comme on void souuent estre entre
deux hommes?

A. O Tres heureux Constance &
Leonard, puis qu'auec le repos de
ceste vie, & l'eternelle gloire de vostre nom, vous vous rendez immor-
tels, & pouuez esperer de posseder le
ciel, tant est grand le merite d'vne
telle amitié & si grande foy. Et les
cinq ans passez qui finirent il y a
cinq autres ans, qu'en a il esté?

Sp. On ne cogneut iamais que
Leonard aymant sa Constance à
l'esgal de ses yeux, & de sa propre
vie, se faschast d'attendre si long
temps, ne qu'il luy semblast que
ce fust pour tout le cours de ses ans.
Ains ne requeroit à Dieu autre grace que ceste cy. Assauoir qu'Anthoine vray mary de Constance retour-
nast, pour auec lui auoir ceste mesme

amitié qu’il a auec elle. Et cela a esté
cause que voicy pour la troisiesme
fois qu’il le va cherchant.
A. Et vous Madame Spinette. par
vostre foy, croyez vous cela?
Sp. Comment si ie le croy ? i’en suis
plus asseurée que de chose tres-cer-
taine & qu’on touche auec la main.
A. Ie vous iure, Dame Spinette,
que ces discours m’ont tellement es-
meu l’esprit, que ie me s’en tout rem-
ply d’vne douce & louable enuie. O
combien , Aurelian , ton estat est
contraire a cestui cy!
Sp. Helas, si l’œil ne me trompe, voicy Siret seruiteur de Leonard, lequel
a sa contenãce semble estre tout do-
lent & mal content.

DE L’ACTE IIII.

SCENE II.

Siret seruiteur de Leonard. Spinette.
Aurelian.

PAr ou commanceras tu. O Siret,
pour raconter tant tristes nou-

uelles à ta maistresse?

Sp.   Helas que peut ce estre?

S. Comme auras tu iamais le courage de luy dire!

A.   Que peut il estre arriué?

S.   En quels mots pourras tu expri-
mer telle chose?

A. Demandons luy qu'il y a de nouueau.

S.   Comme ne te creue le cœur en y
pensant? O Leonard, ô Leonard, ô
mon cher maistre, ou vous ay ie
laissé?

Sp.   A la verité, il est arriué quelque
malheur à Leonard.

S.   Se pourra il faire que ie sois le
porteur de si tristes nouuelles? Ie
veux plustost iamais ne reueoir ceste
maison ny ce pays. Combien te seroit il meilleur, ô Siret sans amour,
Siret ingrat, de t'estre laissé tuer auec
luy? Que tu demeures sans Leonard
auec qui pourray tu iamais viure, qui
te soit si doux & amiable comme il
estoit?

A. Sans doute Leonard est mort.

S. Et si ce n'estoit que i'ay eu opinion, que quant à moy ie ne seroy creu de ce que ie diroy, nomplus que si ie l'auoy songé: i'eusse plustost aymé mourir estendu de mon lóg sous vn arbre, que m'en retourner en la maison sans mon maistre.

A. Laissons le dire, puis que vomissant sa douleur, il raconte le tout.

S. Que feray ie ? m'en iray ie sans en parler? ouy. Mais qu'en aduiendra il? on le sçaura d'vn autre. Et toy Siret seras reputé pour vilain, peu courtois & sans amour. Soit ce qui en pourra aduenir. Ie ne le diray iamais, ains m'en veux aller si loing, qu'en ce pays cy, on n'aura peuteestre iamais nouuelles de moy. Helas, comme est il possible qu'en ce voyage ie ne suis trespassé de douleur? Ha fortune, pourquoy comme ie party ioyeux en la compagnie de Leonard, ne suis ie pareillement aussi retourné auec luy?

Sp. Cestuy-là s'en va, retenez le Aurelian.

A. Siret es tu sourd, Siret?

S. Qui m'appelle?

A. Vn tien amy, escoute.

S. O Seigneur Aurelian.

A. Qu'as tu ? pourquoy fais tu si grandes lamentations?

S. Helas! pource que ie suis miserable à iamais.

A. As tu perdu quelque chose?

Sp. I'ay perdu la pl° chere, que i'eusse ou puisse iamais auoir en ce monde.

A. Ou as tu laissé ton maistre?

S. O monde, ô ciel, ô maudite fortune vn peu plus loin que Dijon.

A. En verité tu apportes de tristes nouuelles, non seulement à la Dame, mais encores a to° ses parés & amys.

Sp. O malheureuse & miserable Constance.

A. Par quel accident a il esté si soudainement occis.

S. Vne mesme main l'a tué, & à moy osté la vie, c'est pourquoy ie ne veux plus viure.

Sp. Et encores auec luy l'infortunée Constance indigne certes d'vne si mauuaise fortune.

A. Siret, qu'il ne te soit grief nous raconter la chose de point en point.

S. Nous allions, nous allions, ô Dieu ie ne le puis dire, à Dijon, comme deuiez sçauoir il n'y a pas pl' d'vn mois. Là arriuez (il faut dire tout) en peu de iours Leonard sçeut pour certain qu'Anthoine qu'il alloit cherchant (ayes patience Madame Spinette) estoit mort.

Sp. O Spinette vrayement née pour estre le but de la fortune: quelle nouuelle nous as tu apportée en ce vil-lage?

A. Madame Spinette, s'il est vray que la blessure preueuë faict moins de mal, vous n'auez quasi point d'oc-casion de vous plaindre, il y a desia bonne piece que le deuiez pleurer.

Sp. C'est autre chose Aurelian d'e-stre entre si & non d'vne chose, & autre la sçauoir certainement, mais, Siret, poursuy ton propos.

S. Quoy entendu nous partismes quelques iours aprés de Dijon pour nous en reuenir, quasi desesperez

ayant entendu la mort d'Anthoine,
& faict ce voyage en vain, mais sor-
tis hors de Dijon enuiron trois ou
quatre lieuës, & arriuez en vn chemin croisé, se ietta sur nous vn homme tout armé, accompagné de deux
seruiteurs, lequel ayât mis vne main
à la bride du cheual de Leonard, disant. Traistre vous estes mort, luy
donna de l'autre vn grand coup d'espée sur la teste. A ce bruit, moy qui
cheuauchoy deuant auec la valise,
m'arrestay pour veoir que c'estoit:&
me retournant ie vy tirer apres moy
vn coup de harquebuse par vn des
seruiteurs de cestuy là: A ceste occasion,& ayant desia veu mon maistre
par terre,& ne luy pouuant donner
aucun secours, picquant asprement
le cheual, i'eschappay des mains de
ces deux voleurs qui me poursui-
uoient. Apres m'estant arresté en v-
ne hostellerie loing de là enuirô vne
lieuë, i'enuoyay veoir en quel estat
estoit mon maistre, & celuy que i'y
auois enuoyé me r'apporta, qu'il luy

auoit veu rendre le dernier soupir en
vne maison, ou ce mesme qui l'auoit
blessé se mordoit les mains, d'auoir
iniustement, plus par la coulpe de
fortune que la sienne, osté la vie à vn
si honorable gentilhomme.

A. En ces quartiers là se commet-
tent souuent de tels brigandages.

S. Quoy par moy entendu, ie ne
sçay qui me tint que ie ne m'occis
moy mesme sur le champ. Toutesfois ayant vn petit reprins courage,
me mis en chemin m'en reuenant
icy tout bellement.

A. Es-tu venu icy tout droict, ou si
tu as passé par Troyes.

Sp. I'arriuay à Troyes y a enuiron
deux heures, & là ayant laissé le cheual & la valise, ie suis venu icy, ou
l'on ma dict qu'est ma maistresse
pour luy raconter le tout, mais voyãt
ces maisons, & considerant les mauuaises nouuelles que ie porte au lieu
de bonnes, i'ay changé d'aduis, ne
desirant estre celuy qui vueille cau-
ser la mort à ma maistresse par vn si

triſte rapport.

A. Siret, on ne croiroit pas cela d'vn autre que de toy, mais ou a adiouſté foy à tes parolles en plus grãde choſe que n'eſt pas ceſte cy

Sp. Et comme vous dictes, il a eſté nourry en la maiſon de Leonard qui le tenoit preſque comme frere. Mais moy miſerable que feray ie?

A. Dame Spinette, il y a quelques années que ne faiſiez conte d'eſtre demeurée ſans frere, ſupportez donc ceſte impatience le mieux que vous ſera poſſible, & laiſſez lamenter Madame Conſtance, puis qu'aucune deſolée n'en eut iamais tant d'occaſion qu'elle en a.

S. Ie vous laiſſe en la garde de Dieu.

Sp. Siret ne t'en va pas. Ie vous prie Aurelian d'autãt que vous aymez & auez aymé Anthoine mon frere, qu'il vous plaiſe, puis que la fortune vous a icy conduit comme ie croy, pour le ſalut de ceſte miſerable ieune Dame, de lui racõter ces choſes

& par mefme moyen la confoler.

A. Il fera bien meilleur le faire fçauoir à fes parens, affin qu'ils viennét faire ce qui eft de leur deuoir.

Sp. Et du voftre encor pour plufieurs occafions, & d'autant plus vous eftanticy, outre que fcauez que fon pere eftant mort, elle n'a parés plus proches, à qui touchent de plus pres fes affaires que vous. A quoy penfez vous?

DE L'ACTE IIII.

SCENE III.

Spinette. Conftance parlant en la maifon, Elifabeth, & Siret.

Vel bruit entend ie faire en la maifon?

C. Oftez vous d'icy, laiffez moy par vne mort mettre fin à mille morts.

E. Courez Madame Spinette courez, aydez nons Aurelian, car Madame Conftance fe veut tuer, haltez vous pour l'amour de Dieu.

Sp. Madame Elisabeth est r'entrée dedans, courez ie vous prie Aureliã, car quant a moy ie ne puis en façon quelconque me souſtenir tant les iambes me tremblent. C'eſt ainſi Siret qu'il faut faire, que benoiſt sois tu. O combien s'eſt promptemẽt bien employé Aurelian.

C. Il vaut mieux mourir d'vn coup que d'endurer mille morts, de façon que ie suis contente de laiſſer mon corps sans vie, puis que la fortune & les cieux le veulent ainſi.

Sp. Elle doit eſtre en la premiere chambre pres la porte, puis qu'elle entend bien tout. En effet ie suis de foible courage, soutesfois ie la veux aller veoir.

S. Vous venez tout à point Madamé Spinette, elles ont tant fait qu'elles l'ont eſtendue sur le lict, i'ay grãdement failly de m'eſtre monſtré la furie de Madame Elisabeth & le bruit & rumeur de ces autres ne m'ont donné le loiſir d'y pẽſer, mais,

si encor d'autre costé ie n'eusse esté
prompt de luy oster le cousteau des
mains , sans doute elle se fust lors
tuée.
C. Helas Siret ou est Leonard, ou
est Anthoine ? laissez moy parler
auec luy, & rendre l'esprit en parlant de.
A. Soustenez la Madame Spinette,
elle s'esuanouit.
S. Dieu vueille que ce ne soit pour
tousiouss & à iamais. O malheureuse maison que n'agueres estoit vn
Paradis. Mais voicy Dame Spinette
qui sort dehors en pleurant, il sera
meilleur que ie retourne en la maison.

DE L'ACTE IIII.

SCENE IIII.

Spinette.   Fidence.

O Combié est veritable, que tous
Amants en general sont soup-

çonneux. Ceste cy en prestant l'o-
reille a ce qu'on a dict, à maintenant
entendu ce qu'elle a voulu sçauoir.
Mais qu'importe? elle le deuoit tousiours sçauoir. Ie suis sortie de la
maison crainte que le cœur ne me
creue de la voir en si gtande misere.
Ioint que ie ne sçay qu'ayant esté
certiorée de la mort d'Anthoine mõ
frere, ie n'ay faict comme a voulu
faire Madame Cõstance, parce qu'é-
cores que ie l'aye tenu pour mort il
y a quelques années, il ne peut estre
que ceste certitude n'acroisse en in-
finité mon dueil, & ne face d'auantage que ne font les choses douteuses.
Mais que dira Aurelian de ce que ie
l'ay laissé ainsi seul?

F. Madame Spinette, si vous
estes vous mesme, retournez de grâ-
ce en la maison ou ces autres Dames vous attendent.

Sp. Ie y vay.

F. *Dicique beatum. Ante obitum supre-
maque funera potest,* & comme dict le
poëte François,

Aucun heureux dire ne se peut pas
Deuant le iour de son futur trespas
Il n'y a pas trois mois que la champagne n'eut vne famille plus heureu-
se que ceste cy, & auiourdh'uy *O cæ-*
lum, O Terra, O Mare.

DE L'ACTE IIII.

SCENE V.

Blaise. Le laquais. Fidence.
Elisabeth.

QVe la peste vous estrangle, que
diable auez vous.
F. *O Blasi. O Blasi actum est de nobis.*
B. Qu'y a-il de nouueau.
L. Et quoy tu entens le Latin.
B. Par grande practique, & pour
hanter ordinairement ceste beste ie
l'enten.
F. Blaise nous sommes perdus, nous
sommes ruynez.
B. Que peut ce estre, auez vous la
fieure que vous tremblez ainsi?

E. Tu ne l'entens pas pauure malheureux est il possible que toute la
maison estant s'en dessus dessoubs,
tu t'amuses à te gosser auec cest animal.

F. *Sum etenim, sed rationale & mor-
tale.*

B. Ie vien d'arriuer, ie n'ay ouy parler de rien.

F. Le maistre est mort, & Madame
est malade, il n'y a point de remede,
c'est faict d'elle. Si tu voyois comme elle est sur le lict, tu en serois fas-
ché.

B. Qui a apporté ceste nouuelle?

F. Siret, qui est de retour.

B. En verité que faict la Dame, ie ne
croy pas à ceste beste.

E. Il n'y a pas long temps qu'elle
s'esuanouyt entre mes bras, & ainsi
demy despouillée elle est comme
morte sur le lict.

F. *Quid faciem miser?*

E. Ceste cy luy trempe le visage
d'eau rose, ceste autre luy touche le
pouls, l'vne l'essuye, l'autre auec du

vinaigre luy mouille le nez & les temples, vne autre crie à ses oreilles, autre faict vne chose, & autre vne autre.

F. En fin elle est despeschée te dis-ie, il ny a point de remede.

B. Et que dict elle?

F. Si elle est morte ou peu s'en faut que veux tu qu'elle dise?

E. Elle est, vos fieures quartaines, Allez ie vous prie acheuer vos promenades & baueries ailleurs, car vo⁹ n'auez auiourd'huy que faire icy.

F. Il ne falloir que cela pour le reste de mes miseres.

E. Pour retourner à Madame Constance, & à ce que tu m'as demandé, elle a le visage plus pasle que celuy d'vn trespassé, tout mouillé de larmes, & tient les bras ouuerts sans parler, comme si c'estoit vn corps sans esprit. C'est pourquoy, quant a moy, ie suis sortie hors de la chambre, pource que ie n'auoy pas le cœur de la veoir.

B. O mon Dieu qu'est-ce cy?

B. Vien en la maison, & là tu sçauras le tout.

B. Marchez, ie seray incontinent
apres vous.

F. *Ego interea deambulando* ay com-
pilé vn braue Epigramme à la louange du maistre, & pensois encor à faire son oraison funebre.

B. Ouy ce sont des vostres, venez en
la maison.

F. Ayes vn peu de patiéce si tu veux.

B. Ie vous dy que marchiez.

F. *Eamus* Blaise atten vn peu, & escoute cest epitaphe. *Egregio viro Do-
mino.*

  Vous feriez mieux *Domine Magister*
de penser ou trouuerez du pain.

Fr. *Exametri carminis sex constantis pe-
dibus.*

B. Farfanique tu voys, A Dieu nous
nous reuerrons à loisir.

F. *Quinta sedes dactilo.*

B. Passez de là, lourdaut que vous
estes.

L. A Dieu. Ie me contente de cela.
Ie ne veux estre plus long temps

icy ou chacun se meurt, & mesme-
ment ayant entendu tout ce que mó
maistre desiroit, main tenant ce ne sera que bien fair que ie me despesche
de l'aller trouuer. Mais ie ne luy porteray pas trop bonnes nouuelles, si
ie luy dy le nouueau accident aduenu à la Dame, car ce seroit assez pour
le faire deuenir fol, ou de mourir, ce
que Dieu ne vueille. Aucun n'a iamais aymé femme plus que luy, qui
l'ayme d'vne extresme affection,
monde poltron, est il possible que les
hommes soient si fols que.

DE L'ACTE V.

SCENE 1.

Aurelian. Spinette. Gerard.

Voicy grand cas qu'elle est si
long temps en pasmoison.
Sp. Ie doute bien d'elle, qu'y pourroit on faire.
A. Et quoy, il n'est plus temps d'enuoyer

uoyer à ce soir au Medecin , car il est
trop tard.
Sp. Ny aussi d'aller querir quelqu'vn
de ses parens, mais bié pourrez vous
nous faire vne faueur non petite.
A. Commandez moy.
Sp. Puis qu'estes tant respectueux
que ne voulez ce soir demeurer auec
nous.
A. Cela ne me semble honneste , ny
que ce soit bien faict.
Sp. Allez vous en donc pour quelque peu de temps, auec vostre amy
qui demeure icy pres , affin que si
auons affaire de vostre secours en si
grande necessité, nous sçachions ou
vous trouuer. En effect , cest affaire
aux gens des champs & aux bestes de
demeurer presque tousiours au village, vous voyez en quelle extremité
aucuns se trouuent quelque fois.
A. Quand les choses doiuent aduenir Madame Spinette.
Sp. Il est vray, car qui pense encores
aux choses qui peuuent arriuer, se
gouuernent beaucoup mieux, que
G

ne font ceux qui viuent au iour la
iournée.

A. Or sus, pour vous dire vray, il
me fasche plus que ie ne sçauroy dire, de ceste pauure ieune Dame & de
sa mauuaise fortune : Et pource que
mon desir est vous faire seruice en ce
qui me sera possible, ie veux demeurer icy autant qu'il sera besoin : &
puis ie m'en iray comme auez pensé
demeurer auec Louys. Mais dicte
moy, croyez vous que Madame Côstace ait entédu de Leonard seul, ou
bié de Leonard & d'Antoine éséble?
Sp. Elle a comme ie pense entendu
de tous les deux. Toutesfois ce ne
sera pas mal faict d'aduertir Sire
qu'il ne parle point d'Anthoine, au
cas qu'elle eust ouy nommer Leonard seulement, & ie le feray ainsi
tout à ceste heure que ie retourne
veoir Dame Constance.

A. Allez, car ie ne demeureray gueres à vous aller trouuer. O Amour
combien de puissances ont tes for-

ces es esprits des mortels, & combié
diuers sont les effets qui operent en
nos cœurs? Qui croiroit iamais que
ces choses que ie voy & touche auec
la main fussent vrayes? Ou fut iamais
tant d'amour, & si grande & sincere
foy que celle qui s'est veuë en Constance & en Leonard? Qui iamais
fit apparoir vn plus grand signe de
beneuolence entre deux amis, que
celuy que Leonard a monstré à Cô-
stance & à Anthoine? Combien la
fortune à mal faict, de ne laisser plus
longuement le monde iouyr d'vne
si rare couple d'amis, affin que iceux
& auec eux, cette honorable Dame,
seruissent d'exemple à tous hommes
de bonté & d'amitié, & particulie-
rement à ceux qui se trouuent en-
ueloppez és liens d'Amour. Rien
ne me pourroit estre plus doux
ny plus cher, que passer ainsi les
ans que i'ay encores à viure, s'il
plaisoit à la fortune de ne m'oster si
tost de ce monde.

G ij

Mais voicy Gerard qui vient deça
pour de compagnie aller à Troyes,
mais si tost cela ne se peut faire, d'autant que pour quelques iours nous
demeurerons ensemble auec Louys,
Gerard vous soyez le bien venu.
G. Ay ie point trop demeure?
A. Nenny, pource que ie doute que
vous & moy logerons ce soir auec
Louys, à cause de ce qui est arriue,
Mais voicy ie ne sçay qui. Gerard ti-
rós nous à quartier, car ie vous veu
conter vne des plus grandes choses
qu'ouystes iamais.
G. Allons ou il vous plaira.

DE L'ACTE V.

SCENE II.

Blaise. Barbe. Fidence.

BArbe, combien y a il que tu es
de retour?
Bar. Ie ne faisoy rien que d'entrer en
la maisó par l'huys de derriere quãd

la maiſtreſſe s'eſt euanouye.

Bl. Et où as tu eſté qu'on ne t'a point veu ce iourd'huy?

Bar. A Troyes, allé querir la fille de Madame Spinette.

Bl. Ou eſt elle?

Bar. Icy pres, elle arriuera tout à ceſte heure, mais dy moy Blaiſe, que ferons nous? Quel deſſein ſera le noſtre? ou ſerons nous iamais ſi bien.

Bl. De grace ma ſœur ne m'afflige point d'auantage que ie le ſuis. I'ay demeuré ceans depuis ma tédre ieuneſſe iuſques à maintenant, que mõ eſperance eſtoit, que mon ſecond maiſtre, qui m'auoit promis (ce que ie croy certainement qu'il euſt faict) de me nourrir & entretenir toute ma vie, m'a par la cruelle fortune eſté oſté. Et la maiſtreſſe de laquelle nous pouuons eſperer tout bien, eſt comme ie croy malade inſques au mourir. Mais patience, tel eſt l'effect des eſperances de ce monnde. Quand l'homme croit eſtre venu iuſques au bout de quelque ſien deſir, & ſe deuoir repoter, la fortune vient qui en moins de rien brouille & trouble toute chose.

Bar. Blaise le desespoir ne sert à chose quelconque, chacun doit penser à ses affaires. Voicy l'autre, encores est il assez ieune. On dict ordinairement que bien souuent la mort d'vn en accommode beaucoup, mais maintenant voicy tout le contraire.

Bl. Il ne nous pouuoit aduenir pis, car tout bien nous est failly.

F. *Mors optima rapit, deterrima relinquit, heu me miserum.*

Bl. Peut estre que ces baueries vous sortirent de la ceruelle, mais que ferez vous par vostre foy monsieur maistre Fidence? vous ne me respondez point, ie l'ay pensé : vous ferez ce que fôt certains personnages qui en guise de pelerins vont de pays en pays, lesquels portans en leur main quelque breuiaire gras & tout vsé se contentent de sçauoir seulement dire. *Ego sum quidem pauper peregrinus,* sans pouuoir dire autre chose,

F. *Non sum apud me.* A Dieu Blaise.
Bar. Ou est il allé?
Bl. Laisse le entretenir ses pensées,
car il en a occasion, mais nous feriõs
mieux d'aller en la maison, nous
sommes tous icy, & n'y a personne
pour seruir en ce qui sera necessaire.
Bar. Allons, voicy tout à point Aurelian auec vn autre homme.

DE L'ACTE V.

SCENE III.

**Gerard. Aurelian. Marguerite
fille de Dame Spinette.
Et Blaise,**

IE ne sçay que dire Aurelian mon
amy, i'ay leu & ouy raconter infinies choses semblables, mais ie n'ay
souuenance en auoir iamais ouy vne
si grande comme est ceste cy.
A. Qui est ceste ieune Dame qui
suiuie de deux seruantes vient deuers
nous?

G. Ie ne la cognoy pas.

M. Ie voy là ie ne sçay qui, est ce point Leonard qui est de retour, non ce n'est pas luy. Dieu vous doint le bon soir.

A. Bon soir & bonne nuict.

M. Se peut faire que mes seruantes ont oublié la maison, dictes moy de grace, est ce icy le lieu de Madame Constance?

A. Ouy, Madame, ceste ieune pucelle ressemble tellement à Madame Spinette qu'elle ne peut estre autre que sa fille.

M. Aussi suis ie, monsieur.

A. Ie suis marry de ce qu'ayant esté enuoyée querir pour vous recreer vn petit & prendre quelque plaisir vous n'aurez au conttraire que tout ennuy & tristesse.

M. Pourquoy, s'il m'est permis vous le demander?

A. Il n'y a pas lõg temps, qu'vn seruiteur à apporté nouuelles que Leonard n'est plus en vie. Occasion pourquoy ie vous laisse à penser en

quel estat peut estre Madame Constance, elle est euanouye, estenduë
sur le lict, & vostre mere auec les autres Dames qui sont à l'entour, n'ont
encores peu tant faire qu'elle puisse
reprendre ses esprits.

G. Voyez quelle bonne grace a ceste ieune fille?

A. Ouy vrayement , voicy vostre
mere qui sort dehors.

DE L'ACTE V.

SCENE IIII.

Spinette.   Marguerite.   Aurelian.
Gerard.

TV as beaucoup demeuré à venir
Marguerite.

M. Il me semble que ie suis venue
trop tost, & peut estre qu'il seroit
meilleur que ie ne fusse point encores arriuée, s'il est vray ce que me disoit maintenant ce ieune homme.

G. Est ce là ceste fille à laquelle vous

auez baillé cinq cens escus?

A. Ouy, c'est elle.

Sp. Encores que ie ne vueille pas
que tu demeures icy que iusques à
demain matin, tu n'auras pas perdu
tes pas de venir icy haut.

M. Ie feray tout ce qu'il vous plaira.
Et s'il n'estoit si tard ie pourroy aller
ce soir auec ma rante, iusques au pôt
saincte Marie, mais poutquoy dites
vous que ie n'auray perdu mes pas?

G. Si vous faictes à ma mode, Aurelian vous serez bien heureux.

Sp. Pource qu'icy tu parleras à Aurelian, auquel tu es plus obligée qu'à
personne du monde, vne autre fois
tu en sçauras l'occasion, Touche luy
en la main.

M. Tref-volontiers.

A. Vous estes trop gentille Madame Spinette.

Sp. Or sus attendez moy icy, puis
irons en la maison de compagnie.

A. Côme se porte Madame Côstace?

Sp. Vous sçauez bien que toute des-
chargée, elle est reuenüe à soy, & de.

meurât ainſi veſtue ſur le lict eſt fort
péſiue, mais en côtenáce aſſez ioyeuſe, & ne parle point ſinon que quand
on luy demande comme elle ſe porte, elle reſpond qu'elle ſe porte bien.
Et que diriez vous qu'elle reuint de
Paſmoiſon en riant?

A. Ne vous y fiez pas.

Sp. Mais ie ne m'en ſouuenoy pas,
elle vous prie prendre la peine de
l'aller veoir, ie ne ſçay pourquoy.

A, Ie doute que pour vous aſſeurer
vn peu, elle ſe môſtre ioyeuſe, & puis
apres qu'elle ne face quelque folie.
Le diable à quelque fois plus grande
force, enuers ceux là qui ſe fiét trop
en leur ſçauoir & propré vertú, qu'à
l'endroit des autres. Allez deuant
Madame Spinette ie ſeray inconti-
nant apres vous.

Sp. Paſſe deça Marguerite, es tu
point molle de ſueur?

M. Non Madame, que bien peu.

A. Gerard venez ou demeurez, faites
comme il vous plaira pour voſtre
commodité.

G. Allez car ie veux attendre icy. Si
ie pouuoy deſtourner ceſtuy-cy de
la practique & peu louable vie qu'il
meine depuis peu de temps en ça, ie
péſeroy auoir fait les meilleures œuures du monde. Toutesfois puis
qu'il m'a promis de ne vouloir autrement aller à Lyon, & de quitter de tout point l'amitié de Giſmó-
de, & de ſe vouloir marier, ie me veux
ſeruir des occaſions que la fortune me preſente. Que peut il faire qui
luy ſoit plus de contentement que
de s'allier auec perſonnes deſquelles
il a touſiours eſté grand amy, & qui
ne luy ſont pas inferieures, ſi ce n'eſt
en richeſſes? Et pour en parler à la
verité ceſte là eſt vne belle & gra-
sieuſe fille, mais qui eſt ceſte cy qui
vient droict à moy?

DE L'ACTE V.

SCENE V.

Eliſabeth.   Gerard.

Mon gentil'homme eſtes vous
Gerard amy d'Aurelian

G. Ouy Madame.

E. De grace entrez en la maison ou il vous attend pour quelques affaires d'importance.

G. Tref volontiers.

E. Combien qu'il ne se trouue folie plus grande qu'adiouster foy aux songes, pour plusieurs occasions. Ce neantmoins i'ay ouy dire & raconter grandes choses estre aduenues & trouuées vrayes, lesquelles premierement auoient esté veuës en songe. A ceste occasion ie sçay que Madame Constance dict vray, que Leonard n'alloit pas chercher Anthoine pour le tuer ainsi que chacun croit, ains qu'il ne s'estoit mis aux champs à autre occasion que pour le ramener au pays, & qu'iceluy pour l'amour de Constance, l'auoit aymé autant que soy mesne, ce qui se pourra cognoistre par le testament que Leonard fit n'a pas long temps auant qu'il partist pour aller en Bourgongne. Et me souuien qu'il laissa pour ses vniuersels heritiers Madame

Conſtance & Anthoine. Ce neantmoins Aurelian & pluſieurs autres
ne peuuent croire, ainſi que puis n'a-
gueres Madame Spinette m'a dict,
que Leonard fuſt party ſinon pour
chercher à le tuer, & qu'à ceſte occaſion il en a eſté chaſtié, dieu le per-
mettant ainſi. Que veut dire cecy?
miracle. Voicy Madame Conſtance
qui ſort auec Aurelian. Ie m'en va
d'autre coſté, affin de les laiſſer parler enſemble à leur commodité, puis
que ie voy qu'ils veullent eſtre ſeuls.

DE L'ACTE V.

SCENE VI.

Conſtance.   Aurelian.

C Royriez vous que ie fuſſe ſi har-
die de l'affirmer s'il n'eſtoit
vray?

A. Hé Madame, ne ſortez crainte
du ſerain.

C. Et que me peut il nuire ayant ma

cappe? Cela est ainsi que l'auez entendu.

A. A vn bien foible filet est pendue
l'esperance de ceste cy.

C. En ce qu'auez premierement
failly, croyez moy, qu'estiez tombé
en grande erreur, & qu'à tort vous
portiez hayne à Leonard.

A. Or ie confesse, estant par vous
certifié de la verité, que la chose est
comme vous dites.

C. I'espere qu'auât que peu de iours
soient passez, vous verrez les enseignes, que mes esperances ne sont ba-
sties en l'air: car iamais à quiconque
vit Chrestiennement, ainsi que personnes bien apprinses & toutes con-
fites en deuotion doiuent faire, ne
mancque celuy qui tout est la bonté
infinie, & suis toute asseurée que cõme toutes les promesses que i'ay faictes ont esté obscruées, qu'ainsi les
siennes me seront gardees par celuy
qui me mancque iamais.

A. Ceste cy de morte, est redeuenue
doublement viue.

C. Ie ne vous veux pas nier , que les nouuelles que i'ay entendues puis n'agueres, ne m'ayent penetré iusques à l'Ame: mais en fin outre l'esperance qu'en dormant , m'a ie ne sçay comment consolée , la raison ayant surmonté le sens, ie me suis remise à la volonté de Dieu : & m'aduienne ce qui pourra , ie prendray tout pour le meilleur.

A.   O grandeur de Courage.

C. O Dieu benin , voicy cest importun , Madame Elisabeth venes icy, m'auez vous entendue?

DE L'ACTE V.

SCENE VII.

L'Espagnol. Aurelian Constance.
Leonard. Et Gerard. Elisabeth.
Et le Laquis sans parler.

Bon soir la Compagnie.

A. Bon soir & bon an.

L'E. Pourray ie bien dire quatre

mots au Seigneur Leonard?

C. Dame Elisabeth ne vous en allez pas, non Môsieur. Que luy voudriez dire, s'il est licite le demander.

l'Es. I'ay grandement besoin de parler à luy.

C. Ie suis marrie que cela ne se peut faire, pource qu'il n'est pas au pays.

l'Es. Madame, qu'il ne vous soit grief, me dire ou il est, pource que necessairement il faut que ie parle à luy fust il au bout du monde.

A. Il faudroit aller vn peu plus outre en volant.

C. De grace Aurelian ostez le moy d'icy.

A. Voicy grand cas que ie me frappe tousiours en ceste pierre que ie ne voudroy trouuer, ie vous prie mon gentilhomme passer vostre chemin puis qu'auez entendu que ne pouuez parler à Leonard.

l'Es. I'estoy venu icy expressement pour vous ayder, & vous dire dés nouuelles lesquelles peut estre vous seront agreables, mais puis qu'il ne

vous plaiſt pas les entendre, ie ſuis
contant de m'en aller.

C. Ne trouuez eſtrange Seigneur
ſi ne vous reſpondons ſelon voſtre
courtoiſie, pour autant que ie ſuis la
plus deſolée & ſſligée femme qu'aucune autre qui fut iamais, qui eſt
cauſe que penſerez parauanture que
ie me ſuis monſtrée enuers vous, ce
que ie ne deſire, peu courtniſe & mal
apprinſe.

l'Eſp. Conſolez vous Madame, ſi
vous eſtes atriſtée de la mort de voſtre mary, pource que ie vous apporte de bonnes nouuelles de luy.

A. Dieu le vueille.

C. Vous m'apportez quant & quãt
la vie.

l'Eſ. Madame que me voulez vous
donner?

C. Ie n'ay rien digne de vous.

A. Ceſtui cy a eu le vent de ie ne
ſçay quoy.

l'Eſ. Vous auez trop.

A. Il voudroit attrapper quelque
choſe des mains de ceſte cy.

C. Ceste vie & ceste ame qui ne sont miennes exceptez, disposez de tout le reste.

l'Esp. Si Leonard estoit mort, comme il vous semble, à qui penseriez vous estre maintenant?

C. Luy viuant ie ne suis sienne sinon autant que sont les filles à leurs peres, & moy au cas pareil iceluy estant mort.

l'Esp. Laquais, appelle ces deux gentilshommes qui ont apporté ces lettres de Bourgongne.

A. Ie suis tout transporté & hors de moy.

l'Es. Madame Constance, combien que l'amour que ie vous ay porté & porte infiniment n'ayt iamais par vous esté recogneu ny recompensé:

A. Quelle est ceste recompense?

l'Esp. Non seulement d'vn seul regard, lors que me voyant quasi mourir vous eussiez peu d'vn seul clin d'œil me donner la vie.

C. Helas soustenez moy, car ie.

Voicy neantmoins que ie vous

donne voſtre Leonard ſain & ſauué,
lequel auiourd'huy vous auez pleuré
pour mort.

C. O Mon doux pere & frere.

l'EC. De grace Madame auant que
plus outre vous accoſtiez de luy. Il
me vous deſplaira pas ouyr comme il
eſt tombé entre mes mains. Vn gentilhomme Bourguignon, eſtant dés
long temps amy d'Anthoine. Ayant
entendu que Leonard l'auoit cherché en ces pays là, pour le tuer, l'eut
au deuant, vn peu plus loin que Dijon, en s'en retournant & le bleſſa vn
peu ſur la teſte, voyant que tout
eſtourdy & eſtonné du coup ſans ſe
deffendre il ſe laiſſa comme mort
cheoir de ſon cheual, ce neantmoins
l'ayant fait releuer par ſes gens, le
conduiſit iuſques au prochain village, pour mieux s'informer s'il eſtoit
vray qu'il cherchoit Anthoine pour
luy faire perdre la vie, mais luy ayant
eſté certifié que Leonard eſt le plus
honneſte & honorable gentilhomme qui viue, pouſſé d'vn grád amour

& incroyable bien vueilláce, il cherchoit Anthoine, le fit penfer, & fi toft
qu il a efté entierement guery, il eft
venu auec luy à Troyes , & pource
qu il fçait que i'ayme Anthoine fur
toutes chofes m'en a faict prefent, à
fin qu'en ayant entendu la verité,
i'en difpofaft à ma volonté, moy eftát
en ce lieu ayant receu ceft aduertif-
fement & par beaucoup d'indices
cogneu eftre veritable tout ce que
Leonard dit au Bourguignon, ie l'ay
accepté comme frere,& vous le réd,
vous priant vouloir pardonner au
gentilhomme, puis que la grande affection qu'il auoit à Anthoine, & la
fauffe creance, luy a faict commettre
vne fi lourde faute.

C. O Leonard mon tref aymé &
& defiré frere & pere, vous foyez.

L. Madame Dieu vous face iouyr
de tous vos bons defirs, comme il
vous faict ioyeufe de mon retour.

C. Maintenant pour refpondre à
vous, Seigneur qui me faictes vn fi
grand don, le gétilhomme qui vous

a amené Leonard, n'eſt ſeulement
digne de pardon, mais que pour le
aeccmpenſer Leonard & moy deſ-
pendions les biens & la vie. Auſſi
que pourrions nous iamais vous
donner, encores qu'euſſions en noſtre puiſſance l'Empire de tout le
monde, qui fuſt ſuffiſant pour vous
recompenſer d'vn ſi grãd bien comme eſt celuy que ce iourd'huy nous
faictés?

l'Eſ. Ceſte voſtre bonne volonté me
rend tres ſatisfaict.

L. Rien ne mancque pour nous rendre enrierement heureux, ſinon celuy que vous auez tant d'années attendu & deſiré, mais en vain, & de
moy plus d'vne fois cherché en pluſieurs lieux : u haſard de ma vie,

A. Qui croiroit que ceſtui-cy fuſt
d'vne ſi grãde an it é, la voyant d'vn
ſi conſtant courage tãt en l'ennemie
qui proſpere fortune?

C. Leonard vous ne m'eſtes pas
mcins cher que ma propre vie & mõ
ame. Cccaſicn pourquoy, puis qu'il

plaift à Dieu qu'Anthoine viue es-
loigné de nous, & peut eftre aupres
de luy au Ciel, ie vous feray toufiours
à l'aduenir, telle que par le paffé ie
vous ay efté par l'efpace de dix ans
entiers, & i'efpere que me ferez de
mefme, & ou ie auois deliberé, s'il
euft efté vray ce que on croyoit de
vous, de m'encloiftrer en vn mona-
ftere, mais vous ayant recouuré, vous
dif ie qui eftes le fouftien de ma vie,
ie remercie la bonté de Dieu de toute chofe, & qu'il permette vfer auec
vous le refte de mes iours comme
i'ay faict iufques à prefent.

l'Ef. Quel plus grand tefmoignage
fçauroy ie demander?

A. Il eft vray d'vn cofté & de l'autre
impoffible.

C. Et pour ce que, où auriez
la volonté que ie vous tinffe la
promeffe que ie vous ay faicte e-
ftant le terme de dix ans paffez.
Ie ne fçauroy iuftement vous le
refufer. Ie vous prie par la foy

& loyauté qui eſt en vous, laquelle
ſurpaſſe celle de tous les hómes qui
ont eſté,& ſeront iamais, qu'il vous
plaiſe ne vouloir maintenát de moy
ce qui eſt voſtre & que iuſtement ie
ne vous puiſſe refuſer.

l'Eſ. Madame nous ne ſommes icy
pour vouloir ſçauoir quelque choſe
de vos affaires.

L. Parlós d'autre choſe, c'eſt l'ordinaire, madame Conſtáce, de ceux qui
aymét leurs femmes comme ie vous
ayme ſur routes choſes du monde,
retournant d'vn loingtain pays de
apporter quelque ie neſçay quoy de
nouueau qui leur puiſſe dóner quelque contentement, ſoit des bagues,
des draps tant de ſoye que de layne,
ou quelque choſe de pris. A ceſte cauſe Madáme, qu'aymeriez vous bien
que ie vous euſſe apporté de Lyon
d'où vient vne partie de toutes les
gentilleſſes du monde?

A. Ie voudroy d'vn coſté m'en aller
pour n'eſtre veu de Leonard, & de
l'autre pour ne faire des ceremonies,
L. Vous

L. Vous estes longues en vos pésées.

A. Ie setay bien aise veoir la fin de ceste histoire.

G. Vous ayant recouuré. Il n'y a chose au monde, excepté vne seule, que pour l'obtenir ie voulusse employer vne seule parolle.

L. Et ceste vie, quelle est elle?

C. Ie vous prie allons en la maison, pource que ie n'ayme pas babiller en la rue, & parler de ces choses, ioint aussi que vous & ces autres gentils-hommes deuez estre lassez.

L. Allons, passez deuant ie vous suiuray.

l'Es. Allons donc puis que le trouuez bő, ie marcheray le premier sans simonie, ie veux dire ceremonie.

DE L'ACTE V.

Scene VIII.

Gerard, Aurelian, Spinette, & Marguerite sur la porte de la maison sans parler.

A Vrelian pour retourner à ce que n'agueres ie vous disoy.

Quelle plus louable chofe peuuent
faire les hommes que cela qui eft en-
feigné par nature approuué de Dieu
& accepté vniuerfellement de tous
ceux qui defirent viure, non comme
vrais hommes, mais en guife de be-
ftes? Quoy faifant eft vne chofe tres-
bonne, & vne grande prudence efli-
re, non des perfonnes eftranges &
incognues, mais de mefme pays, ef-
galles en nobleffe, en aage, & en bô-
nes mœurs.

A.   C'eft affez dict. Ie vous enten
bien, vous voirez bien toft combien
peuuent les confeils de mes fidelles
amis tel que vo' m'eftes, mais taifez
vous, car voicy Madame Spinette.

Sp. Que faictes vous icy à cefte heure, Aurelian? venez en la maifon.

A.   Ie vous cherchoy pour vous dire vn mot & puis m'en aller.

Sp. Venez en la maifon, vous dif-ie,
ou Leonard.

A.   Que veut dire tant d'alegreffe?

Sp. Anthoine, Conftance, & tout
le monde vous attendent.

A. Comment Anthoine?

Sp. Ouy, Anthoine mon frere & voſtre grand amy.

A. Quand eſt il venu, comme eſt il entré en la maiſon que nous ne l'ayons veu?

Sp. A vos yeux voyans il eſtoit icy, puis eſt entré en la maiſon.

A. Vous mocquez vous point?

Sp. l'Eſpagnol qui ce ſoir a amené Leonard, ceſt Anthoine.

A. L'amoureux de Madame Conſtance?

Sp. Ouy Monſieur.

A. Comment peut il eſtre Anthoine & Eſpagnol?

Sp. Ce n'eſt pas vn Eſpagnol, mais c'eſt Anthoine qui comme Eſpagnol à la face, à l'habit, à la parolle, & à la profeſſion de ſoldat, a eſté icy ſix ans incogneu en la maiſon de monſieur de la Vau.

A. O Dieu benin, il me ſembloit bie qu'il en auoit les traicts du viſage, mais ceſte demie barbe qui luy eſt venue depuis le temps, ceſt habit de

soldat, & ces cheueux tonduz de ſi
pres & ſi courts, au lieu qu'Anthoine
les portoit fort grands, m'ont trompez & fait penſer toute autre choſe.
Sp. Que diriez vous qu'vn peu auparauant que Madame Conſtance
entraſt en la maiſõ elle le recogneut?
Occaſion pourquoy elle cherchoit
tout moyen que le diſcours s'ache-
uaſt au logis.
A. S'eſt il deſcouuert de ſoy-meſme,
ou ſi ce a eſté Madame Conſtance?
Sp. Ie vous diray, entrez que nous
fuſmes en la maiſon, ce pendant que
Leonard acheuoit le propos qu'il
auoit commencé, Conſtance iettant
ſa veue ſur luy, s'apperçeut qu'en la
regardant il ryoit, & l'ayant ferme-
ment recogneu, ſe ietta incontinent
à ſon col pleurant d'aiſe, & l'embraſ-
ſa de telle affection, que pouuez vous
imaginer. Au reſte ie ne puis vous
dire d'où vient que ceſte maiſon eſt
toute plaine d'incredible allegreſſe
& contentement.
A. Dieu ſoit loué & remercié de

tout, lequel touſiours eſt ſecourable
à ceux qui cheminent droictement
& ſuiuent la vertu. Madame Spinette, puis que les affaires cheminent
d'vn ſi bon pied, & que ceſte iournée a prins vne fin toute contraire
à ce que nous péſions ce matin, vous
auez peut eſtre quelque opinion que
à l'occaſion du retour d'Anthoine,
ne ſe peut effectuer ſinon à voſtre
dommage, ce que ie vous ay promis
ce iourd'huy. Ie vous veux faire
pour voſtre honneur & profit cognoiſtre que ie ſuis & ſeray touſiours
tel que i'ay eſté auec Anthoine, &
que ie ne ſuis du tout indigne d'eſtre
comprins au nombre d'vne ſi honorable compagnie d'amis, & d'eſtre
de luy & de vous parent, comme ie
ſuis treſ-affectionné amy. Partant ou
il vous plaira m'accorder voſtre fille
pour eſtre ma femme, ie l'accepteray
volontiers plus qu'aucune autre qui
ſe peuſt preſenter: Affin que, puiſque
la fortune m'a eſté tant fauorable,
que outre toute eſperance i'ay reueu

H iij

Anthoine, lequel i'ay aymé & ayme
autant que moy mesme, luy & vous
puissiez cognoistre qu'en toute fortune luy & ses affaires m'ont tousiours esté fichées en l'entendement.
Et depuis que i'ay icy veu vostre fille Marguerite sans qu'elle sçeust aucune chose d'Anthoine, i'ay voulu
(& ce gentilhomme m'en est tes-
moin) vous dire plus de six fois ceste
mesme chose, puis ie m'en suis rete-
nu ie ne sçay pourquoy.

Sp. Sans vous respondre autre chose, vous pouuez Aurelian vous imaginer, que ie ne sçauroy iamais desi-
rer chose plus grande que ceste cy.
Occasion pourquoy, ie ne suis seulement contante de cela, mais aussi
que par la ie me trouueray telle que
ie ne voudroy changer mon estat à
celuy d'aucune autre Dame de
Troyes. Et ne croiroy, quãd i'auroy
marié ma fille au plus grand homme
du monde me trouuer iamais plus
satisfaicte que vous me rédez conté-
te. Et pource que ie ne sçauroy trou-

uer des mots propres pour vous mô-
ſtrer la millieſme partie de l'obligation que ie vous doy, ie diray ſeulement que ie vous reçoy de la meilleure affection de mon ame, pour
mon gendre & pour mon frere.

A. Et moy vous, pour ma treſ-chere
ſœur, mais que pourroit Eliſabeth aller cherchant ainſi ſeule?

Sp. Eſcoutons ie vous prie, puis
que toute gaye & ioyeuſe elle va
parlant à elle meſme.

DE L'ACTE V.

SCENE IX.

Eliſabeth Aurelian. Spinette. Marguerite, & Blaiſe.

Dieu ſoit loué & remercié de
toutes choſes. Si on recher-
choit tout l'vniuers, on ne pourroit
iamais trouuer vne telle couple d'a-
mis, ie ſçay qui eſt le plus contant
du retour d'Anthoine, ou Leonard

ou la mesme Constance. Et ce qui est
d'auantage, c'est qu'ils sont resolus,
que Leonard espouse Dame Spinet-
te, si elle en est contant, lequel l'a de-
mandée à Anthoine.
Sp. Que dict ceste là?
A. Bon prou vous face, Madame
Spinette.
E. Et si elle a de l'entendement,
comme ie croy qu'elle a, elle deuroit
desia vouloir que s'en fust faict. Elle
est encores ieune & Leonard de bon
aage & fort riche. Et que sommes
nous en ce monde sans hommes?
mais ou s'est elle mise?
Sp. Quoy Dame Elisabeth, on faict
dõc en ceste façon les mariages sans
y appeller les parties?
E. Ho ho, vous voila. Ie suis si ioyeuse que ie ne voy goutte.
A. Et nous ne voyons si auez faict
des mariages.
Sp. Que fais tu là, Marguerite?
M. I'attendoy que t'entrassiez en la
maison, cat il est nuit toute noire.
Sp. Vien ça. Ceux de la maison

ayant faict sans nous, ne se pourront
auec raison plaindre, si nous auons
faict sans eux. Et partant Aurelian,
prenez Marguerite par la main, & allons le faire sçauoir à tous ceux du
logis.

E. Qu'est ce que i'enten ? hé Dieu
combien Madame Constance en sera ayse.

Sp. N'ayes point de honte Marguerite, c'est ton mary, va donc auec
luy.

E. Allez. Ie suis quasi hors de moy
mesme & ne sçay que dire. Auiourdhuy ceste maison estoit vn enfer, &
à ce soir c'est vn Paradis.

B. C'est bien dict, demeurez icy à
babiller auec la Lune. Cependant
Madame vous faict chercher par
tout, cheminez vous dis-ie.

E. Ie m'en vas, qu'y pourroit il bien
auoir ?

B. Si i'auoy mille millions de langues & ne fisse autre chose que parler mille ans durant, ie ne diroy la

moindre partie du contentement &
resiouyssance de ceste maison, Nopces, accollades, embrassemens, bai-
sers, chuchillemens, & tant de façons qu'il seroit impossible les raconter, & encores en mon regard,
cecy sera cause que me pensant auiourd'huy estre le plus pauure homme du monde, ie ne voudroy maintenant changer mon estat a aucun
mon semblable, tant heureux & fortuné soit il. Spectateurs pour ce qu'é
la maison on n'a appresté que pour
vingt cinq ou trente personnes, i'ay
pensé qu'il faudroit d'auantage pour
tant de gés que ie voy icy, c'est pourquoy ie n'inuiteray aucũ à soupper,
& puis on ne peut contenter vn chacun, les aucuns diroient des iniures
aux autres, ioint aussi que certains
outrecuidez n'ayans que les cheueux
rehaussez & vn collet bien empesé
estendu sur vne pecadille, voudroiét
se mettre à table, deuát les modestes
& honnestes gentils hommes. Qui

doncques d'entre les hommes ne
pourra entrer en la ville, qu'il demeure aux Faux-bourgs sainct Iac-
que, en la grande maison, ou à l'I-
mage saincte Anne, & nous logerons volontiers les Dames
auec nous ou chez
nos voisins,
A Dieu.

F I N.

LES TROMPERIES

COMEDIE.

Par Pierre de Lariuey Champenois.

A TROYES,

Chez PIERRE CHEVILLOT,
l'Imprimeur du Roy.

M. DC. XI.

MESSIEVRS, afin que

ceſte docte imitation des anciens & meilleurs Poëtes Comiques, vous ſoit plus agreable, ie commenceray par vous
en dire le ſommaire.

ANSELME marchant
d'Orleans, voyãt les troubles s'allumer en France,
delibere ſe retirer en Italie laiſſant
en la garde d'vne bonne vieille (car
ſa femme eſtoit decedée) deux ſiens
infans, l'vn moſle appellé Fortunat,
aagé enuiron de huict ans, & vne
fille nommee Genieure, de l'aage de
ſept ans, mais paſſant par la Bourgongne, il fut arreſté priſonnier par
les huguenots qui le tindrent plus de
dixhuict mois, depuis ſorty de leurs

A ij

mains, & penſant continuer ſon
voyage, retomba en d'autres, ou il
demeura plus d'vn an. En fin eſ-
chappé alla à Rome ou il ſeiourna
quelques annees, mais oyant dire que
l'on vouloit tenir les Eſtats en France, & eſperant que par la concluſion d'iceux, les troubles prẽdroient
fin, delibera retourner en ſa maiſon,
toutesfois en chemin il fut derechef
arreſté priſonnier des ennemis, qui
l'ont tenu iuſques à preſent. Durant
ces priſons & voyages, la vieille
qui auoit les enfans en garde, delibera les mener à Paris, penſant qu'ils
y ſeroient plus ſeurement, & pour
ce faire les habilla tous deux d'vn
court veſtement, de façon qu'il ſembloit que ce fuſſent deux garçons.
Et d'auãtage, afin de mieux conſer-
uer la pudicité de la fille, luy chan-

gea son nom, & l'appella Robert,
luy recommandant celer sa condition. En ces entrefaites la vieille
meurt. Les enfans ne pouuans plus
viure à Paris, tant faute de cognoissance, qu'à cause de la famine qui y
estoit, viennent en la ville de
Troyes en Champagne, ou Fortunat
de fortune entra au seruice de Dorothee courtisanne, & Robert se mit à
seruir Seuerin. Ce Seuerin à vn fils
appellé Constant, & vne fille nommee Suzanne. Constant est amoureux de Dorothee, maistresse d
Fortunat, & Suzanne sa sœur d
Robert la tenant pour masle. Robert
ne sçachant satisfaire à la volonté
de Suzanne qui la molestoit à toute
heure, met en vne nuict, en son lieu
son frere Fortunat en la Chambre d
Suzanne, qui lors la baisa si estroi-

tement qu'elle en est grosse, &
maintenant preste à accoucher.
D'autre part Robert fille allumé en
l'amour de son maistre Constant
souffre double ennuy, l'vn pour l'a-
mour qui le martelle l'autre crai-
gnant qu'on ne descouure que Suzanne à le ventre plain. Seuerin
pere de la fille grosse s'en aperçoit,
ennoye à Orleãs s'informer de la pa-
rẽté de Robert, afin que s'il n'est trouué digne d'espouser sa fille qu'il pẽ-
se estre grosse de son fait, de le faire
mourir. Mais à ce que ie vien d'ouyr
dire le pere de Fortunat & de Robert est venu auec le messager, &
pense que tout se portera bien. Ayez
patience, & pource que ie sç 1y que
ne voulez tous soupper icy, ie vous
ay fait apprester du ris pour gouster,
vous aurez vn braue soldart qui ne

vous laissera dormir, & vn vieil
Medecin, tous deux amoureux de
Dorothée courtisanne qui les pellera
iusques au vif. Ne bougez de vos
places, vanten du bruit, les voicy
venir.

A iiij

SOMMAIRE.   4
vous laissera dormir, & vn vieil
Medecin, tous deux amoureux de
Dorothée courtisanne qui les pellera
iusques au vif. Ne bougez de vos
places, vanten du bruit, les voicy

Personnages de la Comedie.

CONSTANT, amoureux.
GILLETTE, maquerelle.
ROBERT, fille desguisée en garçõ.
FORTVNAT, son frere.
LE MEDECIN.
ADRIAN, son seruiteur.
VALENTIN, seruiteur de Constant.
DOROTHEE, courtisanne.
SEVERIN, vieillard.
PATRICE, vieillard.
LE CAPITAINE.
BRACQVET, son seruiteur.
SILVESTRE, vieille.
REGNIER, vieillard.
ANSELME, vieillard.
LA FEMME du Medecin.
LYONNELLE, sa seruante.

DE L'ACTE PREMIER.

SCENE PREMIERE.

Conſtant amoureux.
Gillette maquerelle.

VOicy donc vilaines putains, le fruiƌ que ie recueille de vous? Voicy donc maſtines, le payement de vos obligarions ? Et la recompenſe de mes merites ? Eſt ce ainſi ſales gopes, que l'on ferme l'huys à celuy qui vous à rachetées de miſeres, retirées du caignard, & leuées de deſſus le fumier , ou les poux vous mangeoient ? Vous ſouuient-il plus du temps que baailliéz de faim comme chiennes, & que n'auiez vn petit morceau de pain , à ſerrer entre vos dents ? Laiſſez faire à moy , ie vous rangeray bien toſt à voſtre premiere coquinerie, vous eſtes meſcognoiſſantes, ha ! i'en auray ma raiſon, ha, vieille ribaude : c'eſt de toy que ie

A v

me veux vanger. Il te semble vieil
magazin de meschanceté que tu es
vne Princesse depuis que i'ay garny
ta maison. La maraude ne se soucie
plus de personne, l'ingrate ne me re-
cognoist plus. Ie te raualleray bien
tost ceste gloire, bourelle que tu es.
Mais la voicy, miracle, qu'elle s'ose
monstrer en la ruë.

G. Ie t'ay bien ouy Constant, ie
veux que toutes ces tiennes brauades me vaillent autant d'escus au
Soleil. Car par cela tu me monstres
cóbien fermes sont les clouds dont
te tenons attaché. Ie sçay que ne
sçaurois abandonner ceste porte. Va
t'en, desloge, fay voile à ta poste, car
d'autant plus chercheras t'esloigner,
d'autant plus les flots amoureux te
repousseront en ce port.

C. Port ha! quel beau port, ou les
tres-cruels corsaires m'ont brigandé
& ou i'ay mis à fond tout cela que
i'ay peu tirer de mes moyens. Cela
te semble-il beau port?

G. Ouy, beau port, ouy, là ou tu

as trouué repos aux tépestes amou-
reuses, & ou le vent des souspirs t'a
laissé. Tu ne mets en ligne de conte
sinon ces chetiues chosettes que tu
nous as données, & n'escrits en re-
cepte les pluisirs, les courtoisies &
les douceurs que tu as receuës en
ceste maison. Va ingrat toy mesme,
va te cacher, tu ne merite la faueur
que nous t'auons faite. Souuienne
toy que lors que la ieunesse de ceste
ville au froid, à la pluye, & au vét no'
donnoit de nuict des aubades, mau-
dissant nostre cruelle rigueur tu te
donnois du bon temps sous les belles courtines, & estois traité à gogo
comme vn aignéau sous la mamelle.
Penses tu gesir au giron des graces
sans qu'il te couste, dy beau iou-
uenceau dy?
C. Et crois tu sangsuë, qu'vne for-
ge me batte monnoye, pour saouller
ton insatiable desir? Dy maraude dy?
Ne cesseray ie iamais de te donner?
Ne seras tu iamais lasse de prendre?
Gouffre & precipice de toute ma

ſubſtance? A peine as tu eu vne choſe que ſoudain tu en redemande vne autre ? Quel abiſme ſans fond eſt ceſtuy cy?

G. Hé Conſtant, ie ne ſuis tant ſangſue que tu es ſot, appren appren deſormais ce prouerbe que tant de fois ie t'ay dit.

L'amoureux qui eſt ſans argent,
Reſſemble vn eſcollier ſans liures,
Vn nocher ſans art, vn ſergent
Sans recors, & vn camp ſans viures.

C. Tu fourniras plus de prouerbes qu'vn aſne de pets, vien vn peu ſur le merite. M'as tu iamais demandé choſe que ie ne te l'aye dónée: Pourquoy à ceſte heure m'enfermes tu hors de la maiſon ? Dy meſchante dy ?

G. Iamais te print il enuie de ma fille, que ie ne te l'aye accordée, dy ingrat dy? l'vn va pour l'autre, mon indulgence auec ton argent. Voy comme le compte ſe raporte.

C. O que tu es meſchante & déhontée.

G. Vne maquerelle honteuſe,
Engendré à ſa fille des poux,
Et rien qu'ails, qu'oignôs & que choux
Ne rempliſſe ſa penſe creuſe.

C. De poux, de vermine, & de rongne,
Ie t'ay tiree orde carongne,
Et ſi n'en as point de vergongne

O combien ces prouerbes me couſtent cher, vieille, latronneſſe, traiſtreſſe.

G. O combien me profitent peu tes braueries ieune coquart, chiche, pouilleux, ça argent, argent.

C. Et ſi ie n'en ay point?

G. Demeure à l'huys, & conte les cheuilles.

C. Ne t'en ay-ie pas donné tandis que i'en ay eu?

G. La porte ne t'a elle pas eſté ouerte tandis que tu en auois.

C. Ie t'en donneray quand i'en auray, que veux tu d'auantage?

G. Ie t'ouuriray quand tu en auras, que veux tu d'auantage?

C. Ha, eshontée! ou eſt cela que ie t'ay donné par cy deuant? En as tu perdu la memoire?

G.   O pauures, n'as tu pas veu ce qui est escrit sur l'huys de ma chambre ?

G.   La reuoicy à ces prouerbes. O miserable Constant, ou es tu reduit.

G.   Tout cela que donné tu m'as,
  Est eschappé de ma memoire,
  Si argent en bource tu n'as,
  Adieu, de toy ie n'ay que faire.

C.   Lors que du mien ie t'ay fay part,
  Tu m'as adoré comme vn Dieu,
  Mais or' que n'ay pas vn liard,
  Me chassant tu me dis Adieu.

  Le mal talent que ie te porte, grosse truye, me fait Poëte.

G.   Il seroit besoin que ta poësie composast de l'argent.

C.   Ha ingrate, tu n'es plus celle là qui auecques flatteries, carresses, & blandissemens me venoit au deuant, quand dés le commencement ie portois en ta maison les presens ordinaires. Où sont les carresses & les doux accueils. Adonc la maison me ryoit de toutes parts , bien-heureux estoit qui me pouuoit faire quelque petit seruice, vous ne recognoissiez autre Soleil , vous n'adoriez autre Dieu que moy. Et maintenant que ie n'ay pas vn double rouge mes faueurs se sont esuanouyes en fumée.

G. O sot & badin que tu es , ne sçais tu que nostre mestier & celuy de l'oyseleur est tout vn ? L'oyseleur nettoye l'aire , tend ses rets , seme & respand le grain , afin que les oysillons s'y accoustument , les pauurets y viennent , sautellent , mangent, se ioüent , mais en fin aduient qu'ils sont prins , & adonc payent le millet. Fay ton conte que ie suis l'oyseleur, ma maison est l'aire, ma fille est le millet, & vous autres les oyseaux , si du commencement i'ay vsé de quelque ruse pour te faire cheoir en mes fillets , ce n'est de merueilles. Et comme est il possible que tu n'entendes encores le mestier , veu que tu as esté si longtéps en ceste escolle.

C. Ie m'apperçoy bien que ie su
le pigeon, maintenant que ie fu
plumé iufques aux os,& commenc
bien deformais à apprendre, mais i
ne voudrois eftre fi toft chaffé d
college.

G. Va,repren des plumes, puis r
uien vers moy, ie n'enfeigne poir
fans fallaire. Adieu.

C. Efcoute, que veux tu que ie t
donne pour vne fois, fans me d
mander autre chofe tout le long d
l'année, à la charge toutesfois qu
durant ce temps Dorothée ne fera
autre qu'à moy?

G. Donne moy foixante efcus.
Adieu.

C. Efcoute, que tu as hafte.

G. Qne veux tu dire? parle.

C. Ie m'efforceray de les trouuer,
mais ie veux que tout le lóg de l'année autre que moy n'ait que foulder
auec elle.

G. Si cela ne te fuffit, ie feray encores chaftrer ce laquais,afin que tu
en fois plus affeuré.

C. Ie vas essayer d'en trouuer.
Adieu. Encores que ie ne sçache de
quel bois faire flesche, neantmoins
pour garentir ma vie, il faut que
i'employe le vert & le sec, les changes, les vsures, les interests, les larcins, ie iure Dieu que necessité n'a
point de loy. Ie feray ce que ie
pourray.

DE L'ACTE I.
SCENE II.

Robert, fille desguisée en garçon.
Fortunat son frere.

LA grande & vrgente necessité
me retient, & amour me chasse,
ie ne doy m'en aller, & ne puis arrester. De laisser ceste malheureuse qui
est sur le point d'acoucher, ce seroit
tres mal fait à moy, & de demeurer
longuement sans mon maistre qui
me brusle le cœur, amour ne le con-
sent. O ciel ! ô sort ! n'aurez vous iamais pitié d'vne chetiue à qui dés le

berceau auez commécé à faire guerre ? vous m'auez de riche rendüe ef-
claue, & fille defguifée en mafle, affin
de mieux conferuer mon honneur,
vous deuriez vous contanter de ces
trauerfes & n'y adiouster encores
tant d'autres ennuys, de fafcheries &
de pœurs, i'ayme, miferable que ie
fuis, celuy qui ne m'ayme point, &
qui pis eft, c'eft habit faux & men-
teur que ie porte, m'ofte toute efperance, & fuis fi loin de tout fecours,
que mon Conftant qui me cuyt la
poitrine, eftant deuenu amoureux
d'vne petite putain, m'efgorgea chaque fois qu'il m'employe aux mefla-
ges de ce fien amour. Et voicy bien
le pis, Sufanne fœur de mon maiftre,
pour combler le refte de ma ruyne,
eft amoureufe de moy penfant que
ie fuis mafle. Et communiquant vn
iour auec mon frere Fortunat de cest
amour que la fimplette me portoit,
iceluy confiderant l'occafion, me
pria & fupplia tant qu'vne nuiçt ie
l'introduify en la chábre de la pau-

mette, qui dés lors est demeurée
grosse,& est tantost preste d'accoucher,& en continuelles angoisses &
pleurs,ne sçachant encores qui est
celuy qui à dormy auec elle. Mais
voicy mon frere. O Fortunat, hé
que Dieu t'enuoye bien à propos.
F. O ma sœur qui a il ? comment
vont les affaires?que sera ce de nous?
que doy-ie esperer? comme se porte
ma Susanne? ne nous veut elle point
encores mettre hors de peine?
R. La pauurette à toute heure faict
nouueaux vœuz, elle espere, elle
craint,elle s'asseure, elle meine dueil
elle se plaint de moy, elle se recommande à moy,elle me maudit, elle
me prie. Et sçachez qu'elle n'a pas
beaucoup à aller, que dy-ie? mais fay
ton conte qu'elle ne passera pas la
iournée.
F. Quoy elle est encores enseuelie
en sa premiere erreur,pense elle tousiours estre grosse de ton fait, est il
possible.
R. Plus que iamais, elle ne cesse de

me tourmenter, & luy femble que ie
n'ay autres affaires en la tefte que les
fiennes, & que ie luy fois bien tenue
de mode que ie n'arriue fi toft en la
maifon qu'elle m'affaut.

F. Patience ma fœur, pour l'amour
de moy. Et bien n'auez vous point
pourueu de quel qu'vn pour l'ayder
à ce befoin?

R. Elle à la fage femme de la maifon, mais ie ne m'y fie point, ie crain
qu'il y ayt de l'ordure en noftre fait.
F. Pourquoy?

R. Nos peu de moyens m'efpou-
uentent, fi que ie ne puis rien efperer
de cecy que noftre ruyne. Tu le
verras. O chetifs que nous fommes,
que ferons nous?

F. Dequoy te foucies-tu, tu és vne
fille, pour cela tu n'en mourras pas.

R. Comment, la maquerelle d'vne
fille de maifon n'eft elle pas digne de
mort? le Ciel ne m'en fauueroit pas.

F. Parlons d'autre chofe, Dieu nous
aydera, ou vas tu?

R. Chercher mon maiftre.

F. Ie le cherche auſſi, car ma maiſtreſſe deſire parler à luy.

R. Mets peine de l'emmener chez
vous, & ne le laiſſe venir en la maiſon, & pour cauſe.

F. Laiſſe moy faire, il ne m'eſchap-
pera pas, va t'en par la, & moy par
deça, ſi tu le r'encontre dy luy que ie
le cherche.

R. Auſſi feray ie. A Dieu.

F. A Dieu, Quoy qu'il en ſoit, nous
nous en deurions fuyr ma ſœur &
moy pluſtoſt qu'attendre ceſte grande ruyne qui nous menaſſe par l'a-
couchement de ceſte fille, ſi vne fois
on s'en aperçoit. Mais quoy, ce traiſtre amour s'eſt tellement fait maiſtre de moy, que ie ne la puis abandonner. Quoy? que ie viue ſans toy,
ô ma Suſanne, ha iamais iamais, qui
pluſtoſt tous les deſaſtres, & malheurs du monde m'aduiennent. A-
mour me tient lié de ſi fortes chaiſ-
nes, que ie ne m'en puis n'yveux deffaire. Mais ie m'amuſe trop icy, ie
vas chercher Conſtant, & l'emme-

neray s'il m'est possible, affin de dô-
ner commodité à ma vie de faire son
petit poupart.

DV I. ACTE.

SCENE III.

Le Medecin. Adrian son seruiteur.

Sotte que tu es, beste chaussée, in-
domtable, farouche, sans ceruelle
ennemie de ton mary & de toy mefme, Par Dieu si tu ne changes de
condition, & ne mets fin à tes noises
crieries & grommelemens ordinaires ie te chasseray au gibet. Et qu'elle
intolerable seruitude, qu'elle penitence, qu'elle mort est ce cy ? Crois
tu que ie puisse longuement supporter tes folies, enragée que tu és, qu'il
faille que tu sçaches ou ie vas, d'oùie
viés, ce que ie dy, que ie fay, qui parle à moy, que le cancre te vienne,
veux tu pas qu'a chaque bout de
champ ie te rends comte de mes

actions, beste impertinente, par la croix que voila, la chose n'en ira pas à l'aduenir comme par le passé. Ie t'ay entretenuë trop delicatement, ma patience & bonté t'a renduë farouche & insuportable, ie t'ay trop lasché la bride sur le dos, caualle au diable. Escoute, ne me viens plus rópre la teste de ce que i'ay à faire ou dire, sinon tu me feras sortir hors du manche, soupçonneuse, importune, ialouse que tu és, que te faut-il, veux tu que ie te donne vn bon conseil, ne te mets plus en peine de vouloir trop sçauoir de mes affaires, sinon, par Dieu ie te donneray tant d'occasions de soupçonner, que ie te feray creuer. Si tu me fasches plus, ie te meneray des garces iusques à tõ lit, pour te faire plus de despit. Va te pendre, & ne me tourmente plus, ne te trouue point deuant moy, ouy, ie te.

Allon Adrian, laissons la là. Et bien qu'en dis tu, n'ay-ie pas fait valeureusement, ne me suis ie pas por-

té en homme de cœur, en fin ie me
suis destrappé de ceste mouche canine qui me picquoit les flancs, qu'au
diable soit qui me l'a attachée, le
Prouerbe est faict à quelque fin.

   Il laisse le fruict pour la fueille,
     Pesche tourment, & rongne acueille,
     Et chez soy retire vn tyrant
     Qui se marie & Dame prent.

A.   Ie le vas bien mieux dire.
   Vn Seigneur qui t'oste le tien,
     Vn soldat qui mange ton bien,
     Et la verolle, est moindre rage,
     Que prendre femme en mariage.

M.   O quel beau present ! que ma
douce   Dorothée sauoureusement
m'embrassera, que sa mere dira bien
que ie suis liberal & magnifique,
Monstre que ie la voye encores vn
peu. En ma conscience il n'y a pas
long temps qu'elle me cousta quatre
vingts escus.

A.   Voicy vne difficulté que i'y
trouue, elle luy sera trop estroite.

M.   Il ne peut estre autrement, car
ma femme est menue, delicate seiche
                        & mai-

& maigre comme la cherté & l'vfu-
re. Et Dorothée eſt graſſette, douillette, rondelette, & en bon point que
veux tu. Bref parlãt d'elle, c'eſt faire
comparaiſon des morts auec les vi-
uans. Il n'y en a point en ceſte ville
de plus belle que Dorothée, conſidere vn peu quel port, qu'elle contenance elle tient, comme eſt elle braue, comme eſt elle parée, elle tran-
che de la Princeſſe. Que t'en ſemble Adrian? Qu'en dis tu? Ne ſuis ie
pas bien heureux d'eſtre aymé d'vne
telle beauté? Ha petite mignonne
ſomment ne t'aymeroy-ie? comment ne tiendroy-ie conte de toy?
Ie diſoy bien qu'elle ne diſſimuloit,
te ſemble-il que ce ſoit mocquerie?
A. En eſtes vous là, vous croyez
aux putains, par ma foy ie n'euſſe
iamais penſé cela de vous.
M. Ie ne croy à leurs parolles, mais
aux vifs effets ardens & indubi-
tables.
A. Quels effets?
M. Qu'elle me porte bon viſage,

me rit quand elle me void , es tu
aueugle.

A.   Hé, mon maiſtre.

Ne te ſie a mule qui rit,
   N'a femme qui de l'œil fait ſigne,
   Car l'vne des pieds te ferit,
   L'autre des ongles t'eſgraffigne.

M.   Tu es trop ſoupçonneux, ſi les
carreſſes , les iuremens, & me veoir
maiſtre de leurs volontez ne t'eſ-
meuuent , au moins cela t'eſmeuue,
qu'elles m'ont cõmuniqué vn grand
ſecret, de la ſuppoſition d'vn enfant.
Et auec ſi belles parolles (ô Dieu)
qu'elles demeureront touſiours eſ-
crites au milieu de mon cœur. La
godinette me diſoit d'vne petite
bouchette douce & amoureuſe. Ma
vie , ie deſire vous charger le moins
qu'il me ſera poſſible, afin que cela
n'empeſche que me veniez veoir. Ie
veux faire croire à vn braue & glo-
rieux que i'ay fait vn enfant, car il
croit de verité m'auoir laiſſée groſſe
quand il partit d'icy. Si de fortune
vous y venez tandis qu'il y ſera , fai-

tes semblant de me manier le pouls.
O ma ioye ie ne seray iamais autre
que tien, qui ne te croira?Ces parolles ne se disent pas , sinon à celuy en
qui elle à mis toutes ces esperances.
A. Ha , mon maistre , faites vostre conte , que ces belles parolles
sont le chant des Syrenes. Putains,
ha ! il est force que ie vous recite
quelques vers qu'vn honneste homme m'a apprins.

Aux resueries des malades
    Aux songes vains, extrauagans,
    Aux forcenemens des Menades,
    Aux folles des Grecs & Troyens.
Aux diseurs de bonne auenture,
    Aux mariniers, aux courtisans,
    Aux Orloges qui n'ont mesure,
    Aux pelerins, & aux marchans.
Aux tiltres hauts & honorables,
    Des happelopins & flatteurs,
    Et aux promesses peu durables,
    Des Princes & des grands Seigneurs:
On doit mille fois plustost croire
    Qu'aux sermens & foy des putains,
                B ij

Car de mentir elles font gloire,
Leurs cœurs de mensonge estans plains.

M. C'est bien dit, tu pense estre vn Docteur, & ne crois à combien d'autres elles ont mis martel en teste.

A. C'est voirement vn bon martel que le leur, car iamais il n'est employé qu'à battre monnoye.

M. Bref tu es trop subtil, & penses tout sçauoir.

Qui trop se subtilise,
Plus il entre en bestise.

A. Vostre grande subtilité ne vous abestira iamais.

M. Que veux tu, ie suis ainsi fait, il ne fut oncques que ie n'aye esté amoureux, hé, gay, viue les garçons tien nettoye vn peu mes souliers & ma robe auec le pan de ton manteau.

A. Hé, que vous estes braue.

M. Allons iusques là haut apprendre des nouuelles, & puis nous lirons veoir, mais cache bien cela.

A. On ne le verra pas, allons.

DV I. ACTE.

SCENE. IIII.

Conftant. Valentin fon feruiteur.
Robert.

IE n'ay iamais paffé le temps en
plus grandes angoiffes que i'ay
fait ceftuy cy. Ie croy veritablement
que ces mal'heureufes m'ont enforcelé.

V. Ha, ha, ha, il eft force que i'en
rie, ouy de par le diable ouy, vous
eftes enforcelé, mais les forceleries
& enchantemens qui au dedans
vous bourellent fi fort, font vn beau
vifage, vn beau fein, deux belles
cuiffes rondes, polics, & dures, qui
vous empliffent les mains, & autre
chofe, & tout que ie n'ofe dire dire
dire.

C. Ce font parolles, fi tant foit peu
ie fuis loin de Dorothée, il me femble proprement que mille chiens
me rongent la poictrine, cela peut
B iij

il estre autre chose que sorcellerie?

V.   Ie le vous diray.

Ainsi qu'au bon vin court l'Aimant,
Au sel la cheure, au miel la mouche,
Ainsi l'impatient Amant
Ayant succé dessus la bouche
De sa Dame, le succre doux,
Retourner y veut à tous coups.

Voicy la diablerie qui le pique iusques au vif.

C.   Valentin, Valentin, tu parles bien à ton aise, car tu ne sçais comme ie suis soubs le rasoir.

V.   Mais voicy le mal, que le barbier ne se contente du poil.

C.   Que feray ie donc? Ie n'iray pas, encor' que Fortunat me cherche, & que comblées de repentence elles m'enuoyent querir, ie veux armer mon estomach d'vne ferme & resoluë deliberation de n'endurer leur iniures. Que ie sois si peu constant qu'il me faille supporter les brocards de ces putains? de ces vilaines? Non non, si elles me prioiét à iointes mains, ie veux pluftoft cre-

uer de defpit , afin qu'elles appren-
nent à cognoiftre quel homme ie
fuis.   Les traiftreffes penfent elles
iouer de moy à la pelotte ?
R. O quelle braue deliberation,
pourueu que ne changiez point de
volonté ?
V. Ouy , mais fi vous commancez
à vous rendre fafcheux, & ne conti-
nuez apres, ainçois vaincu de ialoufie, fans auoir fait voftre paix , vous
recourrez à leur mifericorde , leur
defcouurant la rage & la fureur qui
vous chaffe , vous eftes perdu. Elles
haufferont la crefte, & voyant que
ne vous pouuez paffer d'elles , vous
eftrangleront, monteront fur l'afne,
& vous tiendront deffoubs en fub-
iection. Ie fçay que changerez d'aduis , & l'euffiez vous iuré mille
fois.
C. Pourquoy ? tu ne me cognois
pas encores. Si ie pren refolution, ie
iure Dieu , que le defdain vaincra
l'amour, & la rage chaffera la ialoufie.

                    B iiij

V. Cela se peut faire pour vn peu de temps, mais vous ne vou y opiniaftrerez pas ; cefte bourrafque de voftre defdain paffera en vne petite halaine, apres laquelle ie voy vn vent de ialoufie fe renforcer, qui à voftre grand dómage vous repouffera à ce roc, ou vous donnerez à fond, & ferez encores pis. Ie fçay bien ce que ie dy.

Si toft l'enfant ne change de vouloir,
  Si peu ne dure au clair Soleil la nue,
  La neige encor n'eft fi volage au cheoir
  La fueille n'eft au vent fi toft efmeue,
  Et le Printemps n'eft point tant in-
    conftant,
  Que veriable eft le cœur d'vn Amant.

C. Cela eft tout vray, hé Dieu, confeillez moy donc tandis qu'il en eft temps. O moy chetif, mille ferpens me dechirent le cœur, amour, defpit, rage, & ialoufie.

V. Ces ondes amoureufes que vous fillonnez font fi plaines d'efcueils, que malaifément peuuent ils eftre euitez. Et fçauez vous quels ils

font? ie le vous vas dire. Ce font
defpits, iniures, querelles, foupçons,
ialoufie, inimitiez, reconciliations,
treue, guerre, & paix. Si par artifice
vous penfez manier cefte vague in-
ftable, vous ponuez encor vous per-
fuader de gouuerner la folie par la
raifon. Et ce que maintenant eftant
courroucé vous péfez en vous mefmes comme ie feray, ie diray, ceftuy
cy, cefte la, que le Medecin, que le
Soldart, qui dit, qui fait, ie veux
pluftoft mourir, ie ne veux fouffrir,
creuer de rage, vaincre moy mefme,
monftrer que ie fuis, &c. tout cela
auec vne petite larmelette que la
poltronne, fe frottant vn peu les
yeux en fera fortir à force, fera efua-
nouy, & foudain appaifé fi que de
vous mefmes vous accuferez, vous
ietterez à leurs pieds, & leur crierez
mercy.

C.   Helas! ie voy bien maintenant
que ce font des mefchantes ribau-
des, que i'ay efté mal mené, ie m'en
repen. Ie brufle au dedans, ie le voy,

B v

ie le ſçay , & ſi volontairement ie
cours à la mort, ie ſuis hors de moy,
ie ne ſçay que ie fais , ny que ie doy
faire.

R. Hé, Monſieur , ne vous tour-
mentez ainſi , laiſſez là ces putains,
ces publicques.

C. O moy malheureux , ie paſme,
ie meurs, ces meurtrieres le ſçauent
bien & ſe mocquent de moy, ie ne
trouue aucun repos. Elles ſont ſans
pitié, & moy ſans remede.

R. Helas c'eſt moy miſerable qui
ſuis ſans remede.

V. Sçauez vous qu'il vous faut
faire ? Vous auez la hart au col cherchez de l'oſter petit à petit , & le
pluſtoſt que vous pourrez.

C. En es tu d'adais ?

V. Ouy, ſi vous eſtes ſage, & n'ad-
iouſtez nouueaux ennuis à vos peines infinies.

R. Il ſeroit bien meilleur vous
trouuer quelque ieune fille qui fuſt
voſtre, & non au commun, qui euſt
bonne grace, que vous l'aymaſſiez,

& ne vous perdre ainsi en l'amour
de ce demeurant de bourdeau.
V. Escoutez Monsieur , il n'y à
autre moyen de vous racheter de la
captiuité de ces harpies, qu'vne tel-
le aduenture.
C. Et ou la trouuerons nous?
R. I'en cognois vne qui est plus
perduë en vostre amour , que vous
n'estes de ceste carongne.
C. Est elle belle?
R. Honnestement.
C. Ou est elle ?
R. Proche de vous.
C. Seroit elle contente que i'allas-
se coucher auec elle ?
R. Pleust à Dieu que voulussiez'y
aller , comme elle en lecheroit ses
doits.
C. Auroy ie la commodité d'y
aller?
R. Comme de venir vers moy.
C. Comment sçais tu qu'elle
m'ayme?
R. Parce que souuent elle dis-
court auecques moy de ses amours.

C.   La cognoy- ie?

R.   Comme moy.

C.   Eſt elle ieune?

R.   De mon aage.

C.   Elle m'ayme?

R.   Elle vous adore.

C.   L'ay-ie iamais veuë?

R.   Auſſi ſouuent que moy.

C.   Pourquoy ne ſe deſcouure elle à moy?

R.   Parce qu'elle vous void eſclaue d'vne autre.

Vr   Par mon Dieu elle a raiſon, & n'a pas faute d'entendement.

C.   Ie veux ſeulement prendre vne fois congé de Dorothée, & puis.

V.   Ha, Monſieur, les putains ont les parolles de poix ou de glus, vous demeurerez attrappé, faites voſtre conte ſi vous allez là, de trouuer les ſoixante eſcus qu'elle vous a demandez.

G.   Et où les trouueray-ie?

V.   Ie ne ſçay, mais il les faut trouuer quoy qu'il en ſoit.

C.   Valentin mon amy tu dis vray,

ie suis mort comme tu vois , donne
moy secours de ton ayde & bon
conseil, trouue moy cet argent si tu
aymes ma vie.

R. Ie suis perdu.

V. La difficulté m'espouuente,
toutesfois ie vas songer quelque
moyen pour vous ayder.

C. Ie t'en prie.

V. Ou vous retrouueray ie?

C. Icy, ou es enuirons.

DVL ACTE.

SCENE XV.

Robert.   Constant.

CE n'est pas mocquerie, ce que ie
vous disois que ceste fille de
mon aage vous ayme si desmesure-
ment.

C. Par ta foy.

R. La paumette ne vous honore &
reuere moins que ie fais , encores
qu'elle vous ayme sans aucune esperance,

C.   Sans esperance, pourquoy.

R.   Pour ce qu'elle sçait qu'en vostre cœur vous portez pourtraite
Dorothée, & non pas elle.

C.   Fay moy parler à ceste seconde,
car si ie voy qu'elle me donne ce que
ceste-là me vend cherement, il me
viendra parauenture volonté de la
laisser pour ceste cy.

R.   Faites cela que ie vous diray, &
ie vous promets de la faire coucher
auec vous, soyez seulement huict
iours sans nommer ou veoir Dorothée.

C.   Huict iours ! helas ie mourrois,
mais qu'importe que tu luy dise que
ie suis courroucé contre elle, & qu'y
allions couuertement.

R.   Dieu me gard de faire iniure à la
pauurette; c'est bien assez des peines
qu'elle endure pour vous sans que ie
la trompe.

C.   pourquoy, quel interest y as tu?

R.   pour ce que i'ayme autant ceste
fille comme moy mesme, ains vous
veux dire que quand ie la voudrois

tromper ie ne sçaurois, parce qu'elle
ne sçait moins de vos secrets que
moy.

C. Elle les sçait donc par toy.

R. Voire, car elle sçait teusiours &
void le secret de mon cœur.

C. Donc tu l'aymes.

R. Ie voudrois que m'aymassiez autant, faites estat que ie suis auec elle
vne mesme voloté, & vn seul Esprit.

C. Voudrois tu bien estre maque-
reau d'vne personne que tu aymes
tant.

R. Ie le serois pour vous de moy-
mesme par maniere de dire tant ie
vous suis affectionné.

C. Tu as raison de m'aymer, car ie
t'ayme, & si iamais i'ay moyen, ie re-
congnoistray ta bonne volonté, Robert mon amy.

R. Il n'y a rien que puissiez plus
aysement faire que me contenter.

C. Tu verras si iamais l'occasion se
presente comme ie te recompenseray de la foy & amitié que tu me
monstre.

R. Ma seruitude n'attend autre recompense de vous que voſtre amitié,
Et vous veux bien dire que ſi vous
m'aymiez mille fois plus que Dorothée, vous ne payeriez vne eſtincelle
de la viue affection que ie vous
porte.

C. Que veux tu d'auantage, apres
elle, ie n'ayme rien plus que toy.

R. Voila dequoy ie me plains, voila le commancement de mon mal,
ô Dieu!

C. Qu'as tu, ès tu marry que ie ſois
amoureux d'vne ſi mauuaiſe femme,
dy moy, mais patience puis que ma
fortune le veut ainſi.

R. Il me faſche que vous en aymez
d'autres plus que moy.

C. Toy n'eſtant femme dequoy te
plains tu.

R. Et ſi ie paſſois ſoubs l'arc en ciel
& que quelque eſtrange accident me
changeaſt quelque iour?

C. pleuſt à Dieu, car tu m'oſterois
de l'entendement ceſte traiſtreſſe,
Mais tandis que nous parlons icy de

choſes vaines, le temps s'en va, allons veoir ſi nous trouuerons valentin.
R. Permettez moy s'il vous plaiſt
que ie voiſe iuſques à la maiſon pour
quelque affaire que i'y ay, & ie viendray vous retrouuer incontinent.
C. Va où il te plaira, mais reuien
ſoudain car i'ay affaire de toy.

DE L'ACTE II.

SCENE I.

Dorothée. Le Medecin. Adrian.

O Cheriue moy, que ie crain que
ce pauure Conſtat n'ayt prins
en mauuaiſe part qu'on luy à fermé
l'huys, & que par deſeſpoir il ne me
laiſſe. Il ne ſe peut faire que le pauuret ne paſſe pas icy. Ie ſerois ayſe le
veoir & le conſoler. Que maudite
ſoit ma trop faſcheuſe & mauuaiſe
mere. Ie ſçay bien qu'il en aduiendra. Elle veut tant tirer à elle qu'el-

le me fera creuer de ialoufie. Mais
voicy ce galant amoureux que la pitié maternelle m'a donné. O quel io-
ly muguet! ô quel tendre cheureau
à qui la bouche fent encores le laict!
Que la pefte te vienne vieil pourry à
qui les mains ne fentent que l'vrine,
ou ne puent que le cliftere, ie veux
mourir fi ie ne te pelle iufques aux
os, fot puant que tu és. Par la croix
que voila, mon entretenement te
couftera cher. Tu refonderas les
foixante efcus pour le pauure Conftant La belle happelourde, il femble vn homme de paille, vn fantof-
me vn efpouuenta l de chencuiere.
Ie le veux vn peu aborder. Dieu foit
loué que l'on vous peut veoir, il en
eft tantoft temps.
M, Dieu vous contente, mon bien.
D. Vous vous faites bien attendre
beau fire, il y à tatoft vne heure que
ie vous efpie de pied coy, d'où venez
vous fi tart? de veoir quelque belle
fille? hé folaftre, vous tenez grand
conte d'vne pauure qui meurt apres
vous.

M. Ha ha ha, entrons en la maison
car ie t'apporte quelque chose qui te
sera agreable.

A. Quand il luy aura baillé la robbe le martel cessera.

D. Le mal vous mange auec vos
presens si vous pensez que ie vous
ayme pour cela. Quoy que ce soit re-
prenez les, ie n'en veux point, non
en bonne foy, ie n'en veux point.

A. Elle n'en veut point, mais deuát
que nous partions elle voudra quelque autre chose.

D. O petit meschant, le mal m'aduienne si vous n'estes dur comme
vn chesne.

M. Ha ha ha.

D. Vous en riez, peu d'amitié peu
de foy.

M. Entrons dedans petite friande.

D. O que si i'estois plus forte que
vous, comme ie me vangerois du
martel que me mettez en teste O
qu'elle rage me vient de vous arra-
cher ces poils d'argent.

M. Ha ha ha, entrons godinette,

rondelette, doucelette, vien ma toute belle, colombelle, tourterelle.

D. Entrez deuant, ie vous ſuy entre encores Adrian. La peſte vienne
à qui m'a icy amené ce viel ranceux
& pouſſif, faire careſſe à ce glaireux
& pourry n'eſt autre choſe ſinó em-
braſſer les corps morts, baiſer des
cailloux, taſter des veſſies flaſques,
& fleſtries, coucher auec des peaux
d'vn chat mort ſans nerfs & ſans os,
ſuccer vn tetin qui n'a point de laict
baueux, puant, recreu, qui és deux
heures à t'affuſter deuant que ton
marteau en puiſſe ſonner vne, va te
pendre ie n'yray ia.

M. Dorothée m'amour venez.

D. Ouy ouy, crie tout ton ſaoul,
courez apres ce beau muguet, que la
boſſe te vienne hume vrine, ronge
eſtron. Voicy le Diable qui vient,

DE L'ACTE II.

SCENE. II.

Gillette.   Dorothée.

QVe fais tu sur ceste porte affe-
tée? attem tu que ton beau pigeon passe: que voila qui est beau se
iédte ainsi serue d'vn saffranni er. Est
ce la l'obeyssance que tu portes à ta
mere? tu ne fais iamais ce que ie te
commande.

D. Ains ie ne fay que ce que vous
m'auez apprins, n'ay- ie pas le visage
poly, la façon gentille , la contenance gracieuse, soubs lesquels ie cache
vne langue demanderesse , vn esprit
trompeur, vn corps venal, vn front
hardy , vne main rauissante, vn entendement subtil? voila le sommaire
de vos enseignemens.

Adioustes y le prouerbe de Dame liberée , que la Courtisane doit
uoir les yeux beaux, le courage faux
la face de miel, & le cœur de fiel, le

visage rare, & l'esprit auare, la bouche riante, & la main trayante. Iadis la bonne ame de ma mere auoit
accoustumé de me dire que tes semblables deuoient auoir le visage d'aymant pour attirer les cœurs de fer, la
main de poix pour prendre toute
chose, les parolles de succre pour
amorcer & alaicter les personnes,
l'Estomac d'Albastre, affin qu'il soit
beau & sans pitié : Et pour te le dire
en vn mot elle deuoit estre comme
les gluaux que iamais les oyseaux ne
touchent qu'ils n'y laissent des plumes.

D. Qui est celuy qui iamais m'a
accostée à qui ie n'aye rongé les biés,
l'estomac, & le cœur?

G. Cela est vray. Mais combien de
fois t'ay ie dit que tu n'entretiennes
point Constant? côme m'as tu obey?
que t'a il donné, que t'a il fait porter
en la maison. O la belle chose, tu
cours aprés vn ie ne sçay qui, & te
mocques du Medecin, que s'il ne te
peut donner te rue. Par la mercy

Dieu s'il ne m'apporte de l'argent il
n'entrera point ceans, que ie te voye
plus parler à luy n'y mesme luy faire
signe.

D. Vous me tueriez pluſt oſt ie le
vous dy.

G. Ie ne te deffend pas d'aymer
ceux qui ne viénent iamais les mains
vuydes, mais que tu laiſſes là ces da-
moiſeaux & friquenelles ou il n'y à
rien à gaigner, fay careſſes à ce Capitaine qui reuient de la guerre tout
chargé d'eſcus. Entre & vien em-
braſſer le Medecin qui t'a apporté la
plus belle robbe du monde. Fay luy
ſemblāt que tu és amoureuſe de luy,
baiſe le, mords le, accole le, car il te
payera bien.

D. Qui ce vieil pourry, que la peſte
l'eſtrangle.

G. O ſotte, bien heureuſe eſt celle
dont vn viel raſſotté eſt amoureux,
ſçais tu que dict vne clauſe ſur le
chapitre troiſieſme du liure des que-
nouilles.

Au viel rassorté fay caresses,
  Si en bref veux auoir richesses,
Et plus bas.
  Il fait sa cuisine sans lard,
  Qui ne caresse le vieillard.
Escoute vn peu. Si tu voyois vn
anneau d'or en la bouë, ou quelque
belle bague en du fumier, ne te baif-
ferois tu pas pour les prendre?
D. Pourquoy non?
G. La bouë & le fumier c'est le
veillard,& l'anneau & la bague, sont
les presens qu'il nous dône, parquoy
abaisse toy vn peu , & ne sois des-
daigneuse. Sçay tu qu'on dit, que
Le sot vieillard que l'amour picque,
  Est vne tres bonne praticque.
D. Hé Dieu, si d'autre ie me rend
amoureuse, si ie mets mon cœur au-
trepart.
Mon Constant m'ouure la poictrine,
  Et vn cruel martel me mine.
G. *La courtisane enjalousee,*
  Quitte vn chacun & abusée
  D'vn tout seul qui luy semble beau,
  Vit esclaue & court au bordeau.

Aucune

Aucune plus grande ruine ne peut
entrer en la maison d'vne courtisane
que celle cy, vne garce comme toy
deuenir amoureuse, hé.

D. Si ie ne puis faire autrement?
l'enten tous les iours chanter ces
vers faits de longue main.

La Dame qui n'est amoureuse,
  Est vne fontaine sans eau,
  Vn corps sans ame, & vn anneau
  Sans vne pierre precieuse.

G. Ouy, mais tourne fueillet, & tu
trouueras escrit en grosse lettres.

A l'hospital court ceste-là
  Qui rien ne grippe & fait cela.

Et en l'autre page :

Pour vn plaisir qui tant peu dure
  Tout à beau loisir se repent
  Celle qui se fait la monture
  D'vn chacun, & qui rien n'en prent.

D. C'est bien dit. Qui est l'amoureux qui se vante auoir rien gaigné
auec moy? Là où ie m'attaque, ie n'y
laisse nomplus que si la gresle y auoit
passé. Vous verrez comment ie sçau-
ray bien auiourd'huy plumer ce

capitaine, laiſſe moy faire, & ſi ie ne
luy feray pas brauement croire que
i'ay vn enfant de luy, permettez ſeulement que ie iouyſſe de ceſtuy ſeul.
G. Tu as raiſon, enuoye luy encores des preſens. A l'hoſtel friande,
préſomptueuſe , quelle outrecuy-
dance eſt cecy ? Il luy eſt aduis qu'elle en ſçait plus que moy. Entre viſte,
à qui parle ie?

DE L'ACTE II.

SCENE III.

Fortunat. Conſtant. Valentin.

VOus ſoyez le bien venu ſei-
gneur Conſtant , Dieu ſoit
loué que vous me croirez vne autre
fois.
C. Qu'y à il ?
V. Ce qui n'eſt point , & ne peut
eſtre, & ne ſera iamais.
C. Laiſſe le dire : Qu'eſt ce qu'il
y à de bon.

V. Songes, nuées, chimeres, cha-
steaux en Espagne.

F. Faueurs asseurées , promesses
certaines , secours oppottun, argent
content que ma maistresse vous à
appresté , elle vous prie tant seulement , comme ie vous ay dit vne
autre fois, que veniez secrettement
parler auec elle , mais que la mere
n'en sçache rien. Et que baillant
cet argent à sa mere , vous faciez
faire vn contrat bien asseuré , afin
que puissiez rire ensemble tout le
long de l'année.

C. En bonne foy receuray-ie donc
cet argent?

F. Ouy vous dis-ie , si ne l'auez
prenez vous en à moy.

V. Si cela se fait le monde ira à re-
bours, les questeurs seront honteux,
les Espagnols modestes , les Alle-
mens sobres , & tout ira sans dessus
dessoubs.

L'Aigle aura l'asne pour compagne,
Le bœuf, & le gourmand pourceau,

Feront le plongeon dedans l'eau,
Et la mouche prendra l'yraigne.
Plus ne nous produira la terre
  Ny herbes, ny fueilles ny fleurs,
  L'arc en Ciel sera sans couleurs,
  Et la paix aymera la guerre.
Le Printemps sera sans verdure,
  L'Esté sans espics & chaleurs,
  L'Autcmne sans des raisins meurs,
  Et l'Hyuer sans glace & froidure.

F. Ne t'en recules pas trop, Valentin, tu le verras auiourd'huy, que veux tu d'auantage?

V. Peut estre, mais il est incroyable.

  Plustost se taira la cigalle,
  Et la grenouille fuyra l'eau
  Qui ne soit d'vne putain sale
  L'Amant plume iusqu'à la peau.

F. Vous le verrez, venez vous en auec moy, toutesfois laissez moy aller vn peu deuant, afin que ie l'aduertisse, & que la mere ne vous voye point sans argent, ne me voulez vous pas croire?

C. O gentil Fortunat conseruateur

de ma vie ne me donnes point vne
alarme.

F. Ha, venez sur ma foy, & enuoyez seulement Valentin querir
vn Notaire.

V. Mettez y telles clauses & con-
ditions que voudrez, la vieille ma-
stine de mere ne laissera de vendre sa
fille mille fois le iour.

F. Va querir le Notaire, fay ce
qu'on te dit, & ne causes poi nt
tant.

V. I'y vas, mais escoutez, souuienne vous de ce que ie vous vas dire :
Si trouuez qu'elle ayt pitié de vous,
& qu'elle vous donne c'est argent,
faites bonne mine, monstrez vous
courroucé, laissez vous prier, ne
descouurez du premier coup vostre
ennuy, parce qu'és guerres d'a-
mour celuy qui fuit est le vain-
queur.

C. Et si ie la faschois, luy mon-
strant si peu d'amitié en recompense
d'vn si grand bien-fait?

V. Faites ce que ie vous dy, il n'y a

point de danger , ces couroux sont
proprement la saulse & la moustarde d'amour.

C.   Il faut se donner garde, Valentin , que ceste moustarde ne luy entre trop au nez.

V.   Ha, laissez vous vne fois gouuerner, monstrez qu'auez du courage, feignez vouloir prendre congé , faites vous prier.

C.   C'est assez, voila Fortunat à la
porte qui me fait signe , ie le vas
trouuer , & toy va t'en ou ie t'ay
dit.

DE L'ACTE. II.

Scene iiii.

Seuerin , & Patrice vieillards.

EN fin , Patrice , ie ne croy point
qu'il y ait chose plus difficile
que se retenir de chastier celuy qui
de iour en iour te fait vne notable
iniure estant en ta puissance de ce

faire. Penſes tu depuis que la ſage
femme m'a confeſſé la verité, comment à toute heure, à tout moment,
le cœur me boüilloit de colere, &
mon courage s'allumoit à la vengeance de l'iniure & meſchanceté
que Robert m'a fait?

P.   De grace tenez les reſnes à voſtre couroux iuſques à ce qu'il ſoit
temps, car quand le meſſager qu'on
a enuoyé pour apprendre de l'eſtat
& de la parenté de Robert, aura rap-
porté ce qui en eſt, s'il ſe trouue qu'il
ſoit de maiſon roturiere & inco-
gneuë, & qu'il n'ait point de moyés,
alors l'on pourra trouuer l'expe-
dient de s'en deffaire, en ſorte qu'on
n'en parlera iamais. Cependant voſtre fille fera ſes couches & apres
pourra honorablement eſtre mariée.

S.   Honorablement, ha, & la con-
ſcience de l'homme ne ſert elle pas
de mille teſmoins? De mille accuſa-
teurs? N'eſt ce pas aſſez pour me
faire mourir? Ha! petit traiſtre, me

C iiij

vituperer de la façon , & que ie te
pardonne?

P. Que fçait on , il peut parauenture eftre vray ce qu'vn honnefte
homme d'Orleans m'a autrefois dit,
que Robert à prou de moyens, n'e-
ftoit que fon pere eft prifonnier, &
que fes parens qui fe font faits mai-
tres de fes facultez, ne fe foucient
d'employer vn liard pour racheter
le pere & les enfans. Et en verité la
modeftie & honneftes façons, mon-
ftrent qu'il a efté bien nourry, & eft
de maifon.

S. Ouy , mais l'aigreur de l'iniure
eft fi grande qu'elle empoifonne &
enuenime tous les feruices qu'il m'a
faits.

P. Allons au iardin paffer cet ennuy, & ne retournons iufques à ce
foir pour leur donner meilleur loi-
fir. Cependant penfez à cela le
moins qu'il vous fera poffible.

S. Il eft bien aifé à ceux qui font
fains de confeiller les malades. Tu
fçais bien que la langue oint ou la

dent poing. Si ce ver te rongeoit autant le cœur qu'à moy, tu ne ferois
peut eftre fi doux & indulgent comme ie fuis.

DE L'ACTE II.

SCENE V.

Conftant. Dorothée.

IOuyffez paifiblement de vos
nouueaux amoureux, prenez du
bon temps auecques eux, careffez
les, ie ne m'en foucie pas. Pourquoy
me tenez vous? Pourquoy me priez
vous? Laiffez moy aller, laiffez
moy.

D. Ie n'en feray rien.

C. Pourquoy retenez vous vn qui
vient toufiours les mains vuides, qui
ne vous à iamais donné chofe qui
vaille, laiffez laiffez, pourquoy tenez
vous vn qui ne vous ayde.

D. Pource que ie ne puis & né
veux viure fans vous, mon fang.

C v

C.   Voicy la fin de nos amours.
Voicy le dernier ennuy que ie vous
donneray iamais, les dernieres larmes, les derniers foufpirs, à Dieu.
Cependant demeurez en paix eternellement.

D.   O Dieu ! ô moy miferable ! en
paix? à qui mille martyrs, vous qui
eftes ma paix, s'efloignant de moy,
feront la guerre? Ha cruel Conftant,
ha, ingrat, abandonner ainfi fans
caufe celle qui meurt pour vous. Ou
eft la foy, ou eft l'amour accouftumé ? Hé, feul fouftien de ma vie ne
m'abandonnez pas.

C.   Laiffez moy, que vous importe
mon amour, laiffez moy.

D.   Que m'importe la chofe dont
depend ma vie ? Ha cruel.

C.   Dieu vous donne affez de biens,
laiffez moy.

D.   Ie ne puis auoir aucun bien fi ie
ne le reçoy de voftre main. Ma ioye,
vous eftes mon bien, vous eftes ma
paix, vous eftes mon tout, vous eftes
ma vie.

C. Adieu, ie ne ſçaurois plus endurer les façons de faire de voſtre
mere.

D. Elle ſera cauſe de ma mort, ſi
elle me priue de vous mon cœur.

C. Laiſſez moy aller ou mon ſort
inique me meine.

D. Pourquoy ne demeurez vous
icy auec moy ?

C. Parce que l'inſupportable auarice de voſtre mere m'enchaſſe, demeurez auec Dieu pour touſiours.

D. Pour touſiours helas ! hé mon
bien ou voulez vous aller ſans
moy.

C. Mourir deſeſperé Voicy la derniere fois que vous me verrez.

D. Vous me ferez mourir & non
vous, ie le ſçay bien.

C. O mauuaiſe, vous me faites
pleurer auec vos larmes de cocodril-
le, ia ne puis plus m'en garder. Baiſez moy, traiſtreſſe, baiſez moy.

D. Amour me ſerre ſi fort le cœur
que ie ne puis plus parler.

C. Ha petite meſchante, combien

grand confort, reçeuroy-ie de cès tiennes larmes, si elles venoient du cœur.

D. Elles ne me partent du cœur? ô Constant Constant, si le martel en estoit sorty, si tu sentois ce que ie sens au dedans, tu ne prendrois plaisir de me tourmenter ainsi.

C. O Dorothée Dorothée, si ce depart te faisoit ainsi grand mal qu'à moy, tu ne me refuserois pour vn braue malotru.

D. Il ne m'en fait mal ô cruel & sans foy, tenez ouurez moy l'estomach de vos mains, mirez vous dedans, & ne me faites mourir par vostre grande dureté, par vostre cruelle & meurtriere incredulité.

C. Que ie vous offense, que ie vous tuë? Vous à qui ie voudrois donner mes ans propres. Ne sçauez vous que sur ce bel estomach repose mon cœur? Que c'est le giste de ma vie?

D. Baisez moy m'amour, embrassez moy.

C. Ce seroit vn plaisir si vostre

mere n'eſtoit ſi mauuaiſe.

D. Ne vous ay-ie pas dit que ce
qu'elle en fait, eſt, afin que noſtre
pauureté ne nous contraigne vous
eſcorcher ſeul? Laiſſez nous ce peu
de temps ṭṛaire ces deux beſtes plaines de laiċt. Ce capitaine vient de la
guerre auec argent frais, ainſi Dieu
me garde entiere en voſtre amour,
comme à peine aura-il vn baiſer de
moy, le reſte ie vous le garde, mon
Theſaur.

C. Voyez ſi vous n'eſtes pas mauuaiſe, voulez vous que celuy auec
lequel vous auez vne ancienne fa-
miliarité venant de loing, & vous
apportant des dons infinis, ſe contente d'auoir ſeulement vn baiſer, à
qui voulez vous vendre vos co-
quilles?

D. Ne vous ay ie pas conté que ce
capitaine penſe m'auoir laiſſée groſſe, ie veux feindre auoir fait vn enfant, que Silueſtre m'apportera tout
à ceſte heure, & me monſtreray encores toute malade & incertaine de

ma santé. Ho, pensez vous, quand ie
luy voudrois bailler autre chose que
que ie le peusse faire sans vous. De
grace accordez moy tant seulement
deux heures de temps , mon œiller,
& ie seray apres entierement voftre
tout le long de l'année , qu'autre ny
aura part.

C·   Faites à voftre mode iusques à
ce que ie puisse auoir de l'argent , &
lors ie lieray si eftroitement voftre
mauuaise mere qu'elle n'en eschap-
pera pas comme elle voudroit bien.

D.   Vous l'aurez certes , enuoyez
icy Robert, & vous verrez combien
ie vous ayme , & si ie ne prise pas
plus voftre amour que toutes les ri-
cheffes du monde.

C.   Voila le sucre dont vous cou-
urez la medecine que me donnez. Ie
vous veux contenter. Donnez vous
du plaisir auec ce nouueau amant.
Cependant ie pauure banny m'en
iray sans confort blasmant la tardité
des heures.

D.   Allez ou il vous plaira, car mon

cœur s'en va auecques vous, mais
baisez moy premier.

C.   Ie suis contant, ô traistresse cecy n'est autre chose que mettre le feu
pres le souffre.

D.   Pleust à Dieu que nous fussions
ainsi enseuelis.

C.   Ie m'en vas & laisse mon esprit
sur vos belles leures de roses & de
sucre.

D.   Et le miens'en va auec vous, &
ie demeure icy froide, morte & sans
ame.

C.   Adieu.

D.   Adieu. Enuoyez icy Robert, &
si tost qu'aurez l'argent reuenez
auec le contract, entendez vous,
m'amour?

C.   O que malheureuse est ma condition, que ie ne puis vouloir ce que
ie veux, ie cours apres ce qui me
fuit. Ce cruel tiran ne me laissera iamais en paix, il me chasse, il me tiét,
il me gehenne, il me desrobe, il m'es-
cartelle, il m'espouuante, il me tuë.
Ie suis desormais si hors de moy que

ie ne ſçay que ie fais ny que ie veux,
Là où ie ſuis ie ne ſuis pas, & là où ie
ne ſuis pas, ie ſuis. Ce que ie ne veux
pas, ie veux : Et ce que ie veux, ie ne
veux pas. La vieille me chaſſe, la
ieune me retient. Ceſte cy me con-
ſole, ceſte là me deſconforte. L'a-
mour m'eſguillonne à luy donner,
ma pauureté me le deffend, celle la
me deſrobe, ceſte cy me donne.
Helas! quelle tempeſtueuſe onde eſt
ceſte cy qui combat ma pauure
amoureuſe ame ? Tantoſt ie ſuis deſ
ſus, tantoſt deſſous, maintenant au
Ciel, & ores au profond de la terre.

DE L'ACTE II.

SCENE VI.

Le Capitaine. Bracquet ſon
ſeruiteur.

B. HA, ha, ha.
Cap. Tu t'en ris, groſſe beſte.
B. Ha, ha, ha.

Cap. Ouy, ouy, ie luy donnay vn
coup de pied au cul si furieusement,
que ie luy rompy le col sur la place.
Mais que dirois tu, qu'ayant mis la
main à la barbe de son compagnon
ie la luy tiray d'vne telle roideur que
ie la luy arrachay toute nette, & la
machoire quant & quant, si que le
pauuret demeura sans menton &
tout deffiguré.

B. Ha, ha, ha. Et ceste beste là s'es-
chappa ainsi sans machoire?

Cap. Il s'eschapa.

B. Comment peut-il manger?

Cap. Il vit de chose liquides. Que
dirois tu, qu'il n'y à pas long temps
qu'en l'hostellerie des cinges, ie
trouuey vne trouppe de fendans qui
beuuoient, l'vn desquels par sa male
fortune s'attaqua à moy, pour raison de la seance à table. ie qui n'ay
accoustumé frapper telle canaille
auec les armes, m'accostay de luy
auec vn visage riant, puis luy bailly
sur vne temple vn coup de poing si
penetratif & bien assis, que les assi-

ſtans virent les nœuds de mes doigts
ſortir par l'autre oreille.
B.   Les nœuds de vos doigts?
Cap. De mes doigts, ouy.
B.   Par l'autre oreille.
ca. Ouy par l'autre oreille. Toute la
compagnie s'eſleua contre moy, qui
me donna occaſion de faire preuue
par ma foy, ridicule, ha, ha, ha. En
premier lieu , ie ne laiſſay aucun qui
ne portaſt mes marques à l'vn i'eſ-
craſay le nez , à l'autre ie deſchiray
les oreilles, à ceſtuy cy i'eſgraffignay
les iouës , à cet autre ie plumay les
cheueux , mais de mille coups que ie
fis lors , deux me pleurent grandement. Le premier , c'eſt que ie donnay vn ſi grãd coup ſur le cheſnõ du
col d'vn miſerable, que les deux yeux
luy tomberent viſiblement en terre!
B   En terre?
Cap. En terre.
B.   Bon ſoir & bonne nuiĉt!
Cap. L'autre ie laſchay vn reuers ſi
furieuſemét à vn qui auoit fait ſemblant de mettre la main à l'eſpée,

que l'ayant failly , l'impetuofité du
vent qui fortit de ma main luy mit
le feu en la barbe , fi qu'elle luy fut
bruflée toute d'vn cofté. Si i'eftois
vanteur , ie fçay que ie dirois, mais
toufiours le taire m'a pleu , & cependant manier les mains. Il eft mal
feant à vn homme fe vanter , car
quoy qu'il en foit la verité eft touf-
fiours cogneuë. Ie fçay que ie fuis
monftré au doigt par les ruës, depuis
que ie chargeay fi bien ces Anglois
coüez qui defcendoiét & prenoient
terre à Dieppe. Ne crois tu pas que
chacun parle de moy?

B. Iufques aux cabarets , aux peti-
tes ruelles deftournées , en la rue
des muets on parle de vous, on vend
defia l'hiftoire imprimée de vos
beaux faits.

Cap. Le fçais tu bien, par ta foy.

B Si ie le fçay bien , n'en vendoit
on pas hier des chanfons au coing
des Malheureux ? Ie voudrois que
vous y euffiez efté prefent O que
vous euffiez efté ayfe, on les bailloit

pour deux liards. Hé, comme le poltron les chantoit bien & sur vn bon
chant. O qu'elle rime, ie pense que
ie vous diray bien quelque chose du
commencement.

Cap.   Et ceste legende me nomme
elle par mon nom ? Dy , dy ie te
prie.

B.   Or escoutez si cela se peut entendre d'autre que de vous.

Si voulez ouyr les faits d'armes
   Et promesses de Brancquefort,
   Qui vn camp entier de gens darmes
   Par sa vaillance à mis à mort,
   Escoutez ce que ie veux dire
   Et ie vous feray trestous rire.

Cap.   O que cela est bon, acheue.
B.   Ie ne me souuiens du demeurant, tant y à que c'est vne chose belle, aussi ne peut-elle estre autre, puis
qu'on parle de vous.
Cap.   A on mis les ruynes, les com-
bats, les duels, les hazards, les brus-
lemens, les fuites des ennemis, les
poursuites, nos retraites bien que rares, les escarmouches les sieges, les

victoires, tout cela y est-il par le menu?

B. Nenny, de par le diable, nenny,
par le menu? faites voſtre compte
que le tout ne pourroit tenir en trois
rames de papier.

Cap. I'eſtois bien esbahy, car il ne
peut eſtre autrement. Voyez comme les choſes ſe ſçauent, D'où diable
ont ils ſceu cela veu que ie n'en parlay iamais à perſonne. Voila grand
cas.

B. En fin tout le monde vous co-
gnoiſt pour tel que vous eſtes.

Cap. La preſence ſert encores de
beaucoup, combien de malotrus,
tremblent ils quand ils me voyent
ſans ſçauoir autre choſe de moy, ha
ha ha, ie me ry que comme ie rouille
les yeux en la teſte, & fronce mes
ſourcils, ie voy le peuple tout paou-
reux, la canaille paslir, les coquins
me redouter, les femmes ſouſpirer
apres moy. O ſi ie n'auois autre choſe à faire, combié de pauurettes rendrois ie ialouſes iuſques au mourir,

auec qu'elle deuotion penſes tu que
Dorothée que i'ay laiſſée groſſe m'attend? la friande tomba paſmée quád
ie party , il y a preſque dix mois ie
penſe qu'elle à enfanté.
B. Allons la trouuer.
Cap. Atten,ie me veux vn petit pa-
rer effin que ie luy plaiſe d'auantage.
B. Vous luy plairez bien ainſi.
Cap. Accouſtre móy mes chauſſes,
nettoye moy,entre icy.

DE L'ACTE. II.

SCENE. VII.

Silueſtre, vielle ſeruante. Dorothée.
Le Capitaine. Braquet ſans parler.

CEſte coiffure de nuict vous ſied
fort bien, vous reſſemblez proprement vne accouchée. Quand le
Capitaine viendra laiſſez vous aller,
rendez voſtre voix debile & trem-
blante, lamentez vous , recomman-

dez ſouuent l'enfant à la nourriſſe,
Ce pendãt ie prendray garde quand
le braue viendra.
D. Mettez moy ceſt oreiller ſoubs
les reims, encores vn peu plus bas,
ainſi le voilà bien.
S. Prenez encor ceſte robbe four-
rée ſur vous & ce couſſin ſoubs voſtre coude,ie vas eſpier quãd il viendra,mais faites bien.
D. Voulez vous apprendre aux
chats à eſgratigner & aux lieures à
courir, laiſſez faire à moy, ſi ie luy
laiſſe vne chemiſe ſur le dos il s'en
pourra contenter.
S. Voicy le Capitaine qui vient , ie
l'ay veu.
D. Eſt il encores bien loin,
S. Icy pres,il ſe haſte, il vous pourra bien ouyr à ceſte heure , plaignez
vous ma maiſtreſſe, lamentez vous.
D. Nourriſſe baillez le teſin à ceſt
enfant bercez le, ne le laiſſez crier.O
quel tourment eſt celuy des pauures
meres,ie ne l'euſſe iamais penſé , helas ie n' en puis plus.

S.   Le voicy, faites bien la malade.
Dieu vous gerd de mal Seigneur Capitaine, IESVS que ie suis ayse de
vous veoir en bonne santé , vous
soyez le bien reuenu , vrayement
vous vous estes bien fait attendre.
Cap.   I'ay ruyné cent Citez depuis
que ne m'auez veu, toutesfois ie n'ay
iamais manqué de vous saluer par
mes lettres de main en main.
S.   Il est vray, mais qui ayme fort,
veut autre consolation que de lettres, combien de larmes, combien
de souspirs, mon Dieu.
cap.   Est il vray, comment se porte
elle?
D.   Helas ! ô quel tourment. IESVS!
S.   Fort mal depuis qu'elle ne vous
à veu, escoutez comme la pauurette
se plaint.
cap.   Est elle accouchée.
S.   Elle à fait le plus beau petit garçon du monde.
cap.   Me ressemble-il? dy vray.
S.   Comme deux gouttes d'eau, le
petit meschant ne veut en façõ quel

conque

ronque tenir ses mains liées, il veut
toufiours vn cousteau au poing, il a
defia vn courage de Lyon.
cap. Ho, ho, il est mien, voila le
meilleur figne que i'y voye, car quãd
i'estois en maillot, i'arrachay vn œil
à ma nourrisse, parce qu'elle me vouloit menasser.
S. La dolente à esté quinze iours
enfermée en la chambre, & maintenant s'est vn peu fait porter à l'huys
pour prendre l'air. Dieu vueille que
ceste licence qu'elle s'est donnée sãs
l'ordonnance du Medecin ne luy face mal. Quand quelcun à mal toute
chose luy nuit.
cap. Entrons. Atten icy Bracquet,
iufques à ce que ie te face appeller.
D. O chetiue que ie suis! où es tu
allée Siluestre, que fais tu? où es tu?
tu me laisses bien icy toute seule sçachant en quel estat ie suis.
S. Escoutez, elle se trouue mal, elle
m'a appellé. Madame prenez courage ie vous apporte la meilleure nouuelle du monde.

D

D. Ie ne puis auoir bonne nouuelle iufques à ce que mon amy foit reuenu de la guerre.

S. Et s'il en eft de retour? & s'il eft icy?

D. Qui mon œil? mon ame? mon repos? ô ma vie vous foyez le bien arriué.

Cap. Le foudre de la guerre ayant quitté les armes, retourne gaillard reueoir fa tres chere Dame, & s'efioüit de la trouuer hors de danger, enrichie d'vn beau petit garçonnet.

D. Vous foyez le tresbien venu mon cœur, ie fuis quafi morte, iè fçay que me plantaftes des douleurs au corps, qui m'ont mal menée, helas, ô Dieu! ô quelle douleur.

Cap. Ne te fafches du trauail, ma ioye, puis que tu es deliurée d'vn beau petit garçon, qui, s'il ne forligne de la vertu & force du pere, empliratbien toft ta maifon des defpouilles ennemies.

D. Il feroit bien meilleur qu'elle

fuſt plaine de bled, affin que la faim
ne nous eſtrangle , auant que ce
temps vienne.

Cap. Faim? peu de courage, peu de
foy, pren cœur.

D. Vous voyez comme ie ſuis, ie
me trouue encores toute foible &
debile, preſtez moy vn peu voſtre
bras ie vous prie, mon bien, ie ne
puis encores ſouſtenir ma teſte.

Cap. Ie viendrois au trauers des
ennemis, les armes au poing, & au
milieu des harquebouzades, te ſou-
lager, ô ma douce bouchette, ô mon
ame ſauoureuſe, ce n'eſt ſans cauſe
que ie te porte ſi grande affection,
mon petit œil.

D. Vous me le monſtrez mal demeurant ſi long temps.

Cap. Tu le verras tantoſt. Ie t'ay
fait apporter les deux plus beaux petits chiens du monde qui ne ſont pas
ſi gros que le poing, blancs comme
neige, & barbets iuſques aux pieds,
par la mort de Pilate, c'eſtoit le preſent qu'vn Prince d'Allemaigne en-

uoyoit au Roy, que i'ay osté au Co-
lomnel des Reistres qu'apres i'ay
fait mourir ayant deffait toute son
armée.

D. Me voila bien refaicte, il ne me
failloit que cela pour ayder à manger nostre pain. Toutesfois i'ayme
bien ce qui me vient de vostre part,
mon mignon, il faudra que les nour-
rissiez & moy aussi.

Cap. Ne te soucie point de cela, ma
tourterelle, entrons, ho, combien
vous les aymerez car ils sont gentils,
masle & femelle, ils t'en feront des
petits ou tu prendras plaisir, ils iap-
pent, ils courét, ils mordent, ils vont
requerir, ils r'apportent, bref ils font
merueille. Bracquet, apporte ce velours, en voicy du figuré beau par
excellence pour te faire vne cotte,
mon cœur.

D. Me voila bien pourueuë, pour
vn si grand mal vn si petit present, ie
voy bien que deuenez vilain, vn
grand bien fait ne se paye point qu'a-
uec grande ingratitude, vous vous

en allastes beau sire, & me laissastes
icy grosse, desesperée à cause de vostre depart, & sans aucune prouisiõ,
ie sçay la façon de faire des gens de
guerre. Ils leschent enuiron quatre
iours leurs amoureuse & puis les
laissent là.

Cap. La pasque est plus haute que
ie ne pensois, cest enfant mé couste-
ra. Braquet, baille encores ceste piece de bural de soye, & ceste autre de
camelot de Turquie. Tenez mon
bien, contentez vous, aymez moy,
ne vous faschez point.

D. Ic me contente, ie vous pardõ-
ne, mais encores faut il payer les façons de ces accoustremens,

Cap. Faites venir le tailleur, & me
laissez faire.

D. O ma vie, O mon bien, que ce
soit donc tout à ceste heure, car vostre presence fait pœur à tous mes
maux, baisez moy m'amour, baisez
moy.

D iij

DE L'ACTE II.

SCENE VIII.

Gillette. Dorothée. Le Capitaine.

Voicy, mon Capitaine, vn beau preſent que ie vous fay, vn beau muſequin qui vous reſſemble plus que mouſche. Ie ſçay que ne ſçauriez dire qu'il n'eſt pas voſtre. O quel viſage de braue ! c'eſt vous tout craché, c'eſt voſtre nez, voſtre front voſtre bouche, vos yeux tout faits excepté qu'ils ne ſont pas droictement ſi chaſtaigners, voyez, regardez comme il ſe demeine le meſchant, il rit, qui eſt ceſtuy-cy ? Papa, O quel beau poupard, baiſez le, tenez le, prenez le entre vos bras, faictes luy careſſe.

D.   Ho, pour l'amour de Dieu ne le laiſſez pas cheoir.

Cap. Ie vous prie ne me le laiſſez point entre les mains, car ie ne ſçau-

rois si peu le presser que ie ne luy
froisse les os tant i'ay la prinse forte.
D. O pauurette que ie suis, ne luy
laissez pas. Le traistre m'a quasi faict
mourir, ha, helas ! ie ne me porte encores point bien, helas !
G. Il est besoin que faciez prouision
de beaucoup de choses. Il faut du vin
pour la nourrisse affin qu'elle ayt
plus de laict, car il ne cesse de tirer
nuict & iour, il la mange, il faut des
langes, des couches, des drappeaux,
des beguins, de la fleur, du laict, de
l'huille, des chandelles, du bois, du
charbon, des fagots, & mille autres
choses qu'il faut tous les iours, ie
sçay bien qu'il m'en couste.
Cap. Cela est raisonnable, tenez,
voila dix escus.
G. Et le salaire de la nourrisse, deux
escus par mois.
Cap. En voila quatre, qu'y a-il d'a-
uantage?
G. Baillez encor à la pauurette dequoy auoir vn pelisson, affin qu'elle
ait meilleur courage de se leuer la

D. iiij

nuict quand l'enfant crie.

D.   Elle le merite.

Cap.   Tien bonne beste, voila encores trois efcus. Ie voy bien que
c'est enfant me couftera bon.

D.   Et à la pauure Silueftre, ie fufle
morte fi elle ne m'euft fecourue, ie
fçay qu'elle à eu fa part du trauail.

Cap.   C'eft raifon, voila quatre efcus pour elle, il me coufte defia plus
de cent efcus d'eftre auiourd'huy venu ceans.

G.   O miferable pouilleux, ce petit
mignon en vaut plus de cent mille,
vous auez vn peu de mal à la bourfe
& la dolente à efté malade au mourir, vous ny penfez pas.

D.   Helas, ô que ie me trouue laffe!
oftez moy d'icy, le vent me fait mal
à la tefte. Aydez moy ma mere,
Capitaine preftez moy la main, fouftenez moy.

C.   Tres-volontiers, appuyez vous
fur moy, laiffez que ie la meine tout
feul, car auec la force de ce bras, ie
leuerois vn Elephant, ne vous laif-

fez pas aller , ains fouftenez vous
bien mon cœur , cancre que vous
auez le cul pefant.
D. Les forces me defaillent, ie le
vous dy.
G. Dieu foit loué que tu es hors de
danger.   Ie voudrois que l'euffiez
veuë il y à huict iours. La mort & elle c'eftoit tout vn.   Ce ne fera mal
fait feigneur Capitaine que la laif-
fiez vn peu repofer.   Reuenez fur
l'heure du difner nous mangerons
de compagnie.
Cap. Ie le veux bien. Ma vie prenez
courage , ne vous fouciez de rien.
G. Silueftre ! ô Silueftre ! la voicy,
laiffez la mener à nous deux.   Allez
vous en , Adieu.
Cap.   Adieu.

DE L'ACTE. II.

SCENE IIII.

Le Capitaine Braquet.

BRacquet, as tu veu ce beau petit garçonnet? O comme ie l'ay-

me. Il n'aura pas trois ans que ie luy
attacheray le poignard fur le cul, &
l'exerceray en toutes fortes d'armes.
B. Ce feroit trop toft, attendez
qu'il ait dixhuiĉt ou vingt ans.
Cap. Vingt ans ? Ie veux qu'en cet
aage il ait efgorgé mille Princes, rui-
né cent Royaumes, faccagé vne in-
finité de Prouinces. Par dieu ie n'a-
uois pas quinze ans que ie fis ce que
ie te vas dire. Eftant en vn cabaret
ou il n'y auoit pas beaucoup à manger, fe trouua vn fendant qui coup
coup prenoit tout ce qui eftoit de
bon au plat, moy qui fuis toufiours
plus preft à quereller qu'vn Alle-
mant à boire, voyant qu'vne autre
fois ce gourmand y remettoit la
main, chacq, auec mon coufteau ie
la luy attachay fur le champ au plat,
& mettant l'autre main à la dague,
ie l'enuifage d'vn regard courrouffé,
& le riens toufiours ainfi attaché
iufques à ce que i'eu difné. Le malheureux trembloit, l'hofte trembloit
les feruiteurs trembloient. Que vous

tu ? ie les efpouuentay de telle forte,
qu'il ne fe trouua perfonne qui à la
fortie euft la hardieffe de me demander vn liard.
B.   Vous trouuez tous les iours des
chofes nouuelles , iamais vous ne
m'en auiez rien dit : ô le beau trait.
Cap.   Fay ton conte , que i'en ay
fait cent & cent de plus beaux que ie
n'ay iamais dit à perfonne, Le plus
grand defaut qui foit en moy , eft
qu'il n'y à point de tefmoins quand
ie fais tels actes genereux, & la memoire s'en pert, parce que ie ne pu-
blie iamais mes proüeffes , pour ne
fembler eftre trop grand vanteur.
Ho ! fi cet enfant me reffemble , ie
fçay qu'il n'attendra qu'on le picque
pour l'attirer au combat.

DE L'ACTE III.

Scene i.

Valentin.   Fortunat.

LE contract de ces deux vaches
fans laict que nous achetons eft

dreſſé, on y à mis toutes les herbes de
la ſainct Iean, auec tant de clauſes
que c'eſt belle diablerie, elles ſont
prinſes mieux que par le nez. Neât-
moins auec tout cela il me ſemble
veoir que ceſte vieille enragée nous
met en quelque nouueau labirinthe.
Sous cet argent il m'eſt aduis que ie
voy reluire l'hain qui nous doit atta-
cher par la gorge, car toute putain
qui donne, n'eſt pas hors de ſoup-
çon. Ie ſçay bien ce que ie dis.
  Tu n'as iamais qu'il ne te couſte bon,
    D'vn hoſtellier les friuolles carreſſes,
    Ny d'vn Barbier l'agreable fredon,
    Ny les preſens des garces flatrereſſes.
  Mais voicy Fortunat, i'apprendray
de luy quelque choſe.
F.   Tu ſois le bien trouué Valentin,
as tu le contract.
V.   Auſſi bien euſſes tu l'argent.
F.   Ie vas tout de ce pas le querir, va
& dy à Robert qu'il vienne vers la
belle Croix, & tu verras s'il ne l'apporte pas.
V.   D'où l'auez vous eu, dy moy ie
te prie.

F. Dé ce vieil Medecin, sçais tu?

V. *De cuium pecus*, de ce braue
amoureux de ta maistresse? Et comment l'a on peu auoir?

F. Il preste des accoustremens, des
chaisnes & des bagues pour aller en
mascarades, & si tost que ie les auray
ie les iray mettre en gage pour cet
argent qu'il faut trouuer.   Fay donc
que Robert se trouue où ie t'ay dit,
car incontinent ie luy porteray les
soixante escus.

V.   Et ou est mon maistre?

F. Il s'en va par ce que le Medecin
est leans qui toutesfois en doit incontinent partir. Va donc viste & ne
perds point temps.

V. Ie m'en vas, Adieu.

DE L'ACTE. III.

SCENE. II.

Dorothée.   Adrian.   Le Medecin.

BAisez moy vne fois deuant que
vous en aller. Le mal me vienne

fi vous n'estes vaudois , traistre mef-
chant, vous m'auez ce croy ie en-
forcelée.

A. Ouy, mais la robbe & l'argent
font les charmes.

D. M'enuoyerez vous pas donc ces
accouftremens & ces chaifnes pour
aller en mafcarade ?

M. Ie le feray.

D. Fortunat vous atten en la maifon pour cela. Et quand me reuien-
drez vous veoir ?

A. Pleuft à Dieu que les accouftremens refuffent fi toft en la maifon.

M. Tout incontinĕt petite friande.

A. Iamais, iamais.

M. Viendray ie ce foir coucher
auec toy ?

D. Ouy, fi vous m'aimez mon defir, hé ne vous en allez fi toft , mon
cœur.

M. Adieu , laiffe moy folaftre
qu'on ne me voye auecqués toy.

D. Adieu.

M. Allons Adrian : Ie ne fçay
comme auiourd'huy ie ne fuis creué.

de rire, comme est il possible que ce
sot ait esté si gruë, ha ha ha, ie sçay
qu'elles ont tondu le pauure mouton iusques au vif, & d'vne belle façon, ha ha ha, c'est peut estre pource
qu'il ne baisoit le petit enfant. Se
peut il faire qu'vn homme soit si
aueuglé.

A. Ie prie Dieu que nous ne
soyons en la mesme barque, il vous
en pend autant au nez.

M. Tu en veux conter, i'ose bien
dire qu'elle n'vse point de feintise
enuers moy.

A. Ie le veux bien.

M. Elle meurt apres moy, te dis ie,
ie ne me puis deffendre d'elle. Pense tu que ie ne cognoisse bien quand
les caresses procedent du profond
du cœur? m'auroit elle descouuert
vn tel secret? monstré le piege tendu
à autruy? vn enfant supposé? Elle
m'ayme comme son frère, elle me
cherit comme son vray amy, mais
auec quelle seureté, quelle confian-
ce? Ie l'aimeray de tout mon cœur

tant que ces mains tafteront les
pouls & que ces yeux regarderont
les vrines.

A. Les carreffes que ie voy que
l'on vous fait feroient fortes affez
pour me le faire croire, fi le payement n'y eftoit adioufté.

M. Ouy, payement, tu l'as trouué,
ains il me la faut prier vne heure, fi
ie veux qu'elle prenne quelque chofe de moy. On ne fçauroit trouuer
en tout le monde vne plus honteufe
fille qu'elle.

A. Honteufe ha, à elle efté honteufe d'efcorcher iufques aux os ce
fot capitaine?

M. Qu'importe cela, elle me l'a-
uoit dit auparauant.

A. Elle en dira autant de vous à vn
autre.

M. Ains elle ne vouloit point de la
robbe en façon quelconque.

A. Toutesfois elle l'a prinfe & dix
efcus au bout, & puis les chaifnes
que luy voulez enuoyer.

M. Elle ne l'a prinfe pour autre

cause, sinon crainte de me faire
courrousser. Et quant au reste elle
me l'a demandé pour aller en mas-
carade, tant elle s'asseure de moy.
Et pour le regard de ses dix escus, ie
ne pouuois moins, par ce qu'elle est
grassette, douillette, ronde comme
vn œuf, de façon qu'elle ne se peut
prendre à ceste robbe qui a seruy à
ma féme laquelle est plus meigre &
seiche que les os d'vn trespassé, & à
ceste cause la luy falloit eslargir, autremét elle ne luy eust de rié profité.
A. Ie vous dy, Monsieur, que la
vieille est meschante, la fille rusée, &
l'vne & l'autre malicieuse. Ne vous
fiez point en elles. Ha, ceste vieille
à mille mauuais signes ou marques.
Pour le premier elle est remplie de
prouerbes & brocards. Oyez ce que
dit le texte.

La vieille qui est brocardeuse,
  Cache soubs son paisible front,
  Vne guerre aspre & furieuse,
  et iusques aux os la laine tond,
Et de sa barbe qu'en dites vous?

Si tu rencontre par la rue,
  Vne femme qui est barbue,
  Passe outre & luy crache en la veuë,
  Ou à beaux cailloux la salue.

Ces signes vous semblent ils pas
mortels ? prenez cet autre. Sçauez
vous comme on doit croire à vn
bossu ? comme à vn trompeur, Dieu
vous gard des bossus, escoutez.

  Le bossu poingt comme vne ortie,
  Sa foy ne garde, & trompe en sa
  On ne peut entrer au moulin,
  Que la robbe ne soit blanchie.

Le seigneur Agreste que cognois-
sez , auoit tousiours en la bouche
mille bons prouerbes , que tous les
iours ie cognois estre veritables. En
voicy l'vn.

  Cil qui d'vn bossu s'accompagne,
  Fait vn semblable & pareil gain,
  Que fait la mouche auec l'yraigne,
  Ou qui pour argent prend l'estain.

M. N'en doute point. Croy tu
que ie sois si hors de moy que ie ne
sente au nez si on me veut bien ou
non? à moy? Ha! ie iure Dieu qu'elle

est perdue en mon amour, elle court
apres moy, elle me pince, elle me
mort, elle me veut manger tout vif.
Quand ie dy que ie m'en veux aller,
elle desespere, se iette contre terre,
bref fait rage.

A. C'est ce qui me fait soupçonner.

Caresser outre le deuoir,
　Bien payer afin d'en r'auoir
　Monstrer à tous vn bon visaige,
　Gaigne des hommes le courage

M. C'est à propos.

A. Ouy à propos, oyez cet autre.

La courtisanne qui t'embrasse
　Et qui ses bras au col te lasse
　T'aysme bien peu & feint beaucoup
　Et en fin te perd tout à coup.

M. Laissons cela, & va faire prouision de quelque chose de bon
pour le soupper, afin qu'allions
nous resiouyr auecq' elles, viuons
puis qu'il plaist à Dieu.

A. Baillez donc de l'argent.

M. Viença, entrons & dy que

nous venons de visiter vn malade
enten tu ?
A.   C'est assez.

DE L'ACTE III.
SCENE III.

Robert seul.

Malheureuse Genieure, tes ma-
ladies sont si contraires & dis-
cordantes entre elles, que le remede
qui peut ayder à l'vne, nuit à l'autre.
Dequoy sert au feu qui te cuit au dedans, d'auoir trouué les moyens de
retenir ton maistre au dehors? L'em-
brasement croistra, puis que le secours de ces deniers sera cause que
ton beau soleil plongé en l'amour de
Dorothée, se cachera. O combien
de iournées te conuiédra il pleurer,
combien de nuictées veiller pour
l'erreur que maintenant tu as com-
mise. Patience , si ce bon heur me
vient que ceste fille se descharge du
faix de son ventre, car ie n'atten au-

chofe l'ay trouué la feruante qui
m'a dit qu'elle alloit hafter la fage
femme,& que les heures tenoient la
pauurette. O Dieu preftez moy voftre fecourable main , & m'aydez à
fortir de ce labirinthe. Mon maiftre
m'a commandé que ie l'attende icy,
comme demeure il tant ? Mais le
voicy.

DE L'ACTE III.

SCENE IIII.

Robert. Conftant.

BOn iour Monfieur.
  As tu cet argent ?
  Ouy, tenez , il eft enueloppé en
mouchoir. La Dame vous prie
qu'alliez tout à cefte heure la trouuer auec le Notaire & le contract.
  O ma vie, ce bien fait ne me for-
tira iamais de l'entendement, ie vas
ouyr la lecture du contract , & puis
ie l'iray incontinent trouuer.
  Allez car elle vous attend. Et

me permettez ie vous supplie que
ie voise vn tour iufques en la maifon, la tefte me fait mal.

C. Va & te tiens bien chaude-
ment.

DE L'ACTE III.

SCENE V.

Adrian feul.

IE fcay que fi toft que la vieille fe
ra venuë qu'elle fourrera fa peliffe
de ce bon vin de Velery. Ho, quel
breuuage pour enchanter les fumees
& chaffer la colere de l'eftomac. Ie
vas faire comme les oyes, ie me veux
baigner le bec à chaque morceau, Ie
ne beuz iamais en iour de ma vie autant ny d'vn meilleur courage. I'ay
defcouuert à ma maiftreffe les
amours & larcins de mon maiftre,
elle m'en fçait bon gré. Auparauant
l'endiablée me hayffoit à la mort,
mais maintenant elle commence

me regarder d'vn œil friāt & amoureux. Elle me met le bras sur l'espau-
le quand ie parle à elle. Elle me
prend par la main , & me promet
qu'elle se laissera gouuerner par
moy, ie luy dy souuent ce prouerbe.

Si à la renuerse on vous iette,
N'en dites mot, ma godinette,
Ains souffrez qu'vn gentil garcon
Fouille soubz vostre pelisson.

Elle en rit , & me donne tousiours
meilleur courage de m'asseurer de
son amour , i'en viendray à bout.
O quel bon temps ie prendray. Mes
semblables ne sçauroient trouuer
meilleure auenture que se rendre
seigneurs de leurs maistresses. Ie
sçauois bien ce que disoit tosiours
le bon Oliuier, lequel ne chantoit
iamais autre chanson.

L'on ne peut auoir rien de bon,
Si l'on ne baise sa maistresse,
Et si d'vne bonne façon
L'on ne la fringue & la caresse,
Mais si souuent tu l'esperonne

Et luy fais ce qu'elle ayme bien,
Elle te sera toufiours bonne,
Et si n'auras faute de rien.

DE L'ACTE IIII.

Scene I.

Bracquet, Le Capitaine.

AV diable soit le deffy. Vous
voulez vous perdre auec cet ef-
fronté Angeuin, qui iamais ne vient
au point, il y à deux heures que deurions auoir disné.

C. Que veux tu, si ceux qui ont
quelque dispute à desmesler viennent pour me demander mon aduis
& conseil, les renuoyeray ie ? C'est
grand malheur que d'auoir trop
d'entendement. Cependant on nous
atten, vne heure leur dure mille ans.
As tu prins garde comme elle s'est
attiffée ? comme elle s'est fait belle
quand elle ma veu ? Soudain elles
me viendront embrasser, combien
qu'elles

qu'elles ne me reuiennent gueres, ny
que i'en face conte, voila pourquoy
ie me fais tant attendre.

B. Vous ne les aymez point, pleuſt
à Dieu que le Pape m'aymaſt autant.

C. La mine que i'en fais c'eſt de
peur de les deſeſperer, cognoiſſant
combien la fille m'ayme.

B. Si vous ne l'aymez, pourquoy
luy donnez vous ainſi en gros?

C. L'obligation que ie luy ay à cauſe de cet enfant, me lie & contraint
à luy vouloir bien, afin de n'eſtre
veu ingrat.

B. Eſtes vous bien aſſeuré que cet
enfant eſt voſtre?

C. Commēt ſi i'en ſuis aſſeuré? n'as
tu pas veu comme il me reſſemble?
Et puis penſerois tu que ie vouluſſe
endurer qu'homme viuant m'oſtaſt
ce qui m'appartient? Malheur à qui
le voudroit entreprendre. Il eſt
bien i'en ſuis aſſeuré. Il ne faut que
les putains ſe gabbent de moy, &
puis ne vois tu pas de quelle af-
E

fection elle m'ayme ? Voila pourquoy ie luy fais des demonstrations
extrauagantes, autrement qu'ay-ie
affaire d'elle ? Crois tu que si ie me
fusse voulu abbaisser soubs l'obeïs-
sance des femmes, ie ne trouuasse
des Roynes, des Princesses, qui seroient ayses que ie les regardasse
d'vn œil amoureux? il ne s'en peut
trouuer vn pareil à moy.

B. Quoy, qu'vn pareil à vous ne se
peut trouuer au monde ? Pourquoy
me le dites vous, on le sçait bien,
car quand ie vas apres vous, il n'y à
femme qui ne me demande qui vous
estes, ou vous demeurez, ie ne vous
ay pas toufiours dit combien vous
estes desiré. Il n'y à pas long temps
que comme vous passiez par vne ruë
ou il y auoit force belles & gracieu-
ses Dames assemblées en vn monceau, si tost qu'eustes passé outre,
elles coururent apres moy, & me
tirant par le manteau me deman-
doient qui vous estiez.

C. Comment te disoient elles?

B. Mon amy, qui eſt ce paladin,
puis vous regardoient par vne grande merueille. Mais vne de la compagnie, par ma foy la plus belle, ſe
print à dire O le bel hôme, ô côme
il me plaiſt. Regardez quelle belle
contenance, quelle belle diſpoſition
de corps, mon Dieu que celle là eſt
heureuſe qui peut coucher auec luy.
C. Ha, ha, ha, elle diſoit cela, qui
ſont elles?
B. I'oubliois le meilleur, elles m'ont
promis des collets de chemiſes & de
beaux mouchoirs, & que ie vous
meine auiourd'huy paſſer par là : Ie
croy qu'elles attendent deſia au milieu de la rue.
C. Ouy, vrayement c'eſt pour elles,
elles m'y peuuent bien attendre tout
à loiſir. O que c'eſt vne grande mi-
ſere que d'eſtre beau outre meſure,
on ne le penſeroit pas. Tu as touſiours vn varlet ou vne chambrie-
re à ta queuë, qui te prie, que
tu te laiſſes veoir, tantoſt de bouche, tantoſt par faueurs, tantoſt

par lettres , & tantoſt elles meſmes paſſent & repaſſent mille fois
pardeuant ta porte pour te veoir.
Mon Dieu quel rompement de teſte
c'eſt de les eſcouter , & de leur reſpondre. Par la croix que tu vois en
ceſte eſpée, i'oſe dire qu'en telle nuit
i'ay eu quatre aſſignations en diuer-
ſes maiſons riches & magnifiques
ou rien ne me manquoit. C'eſtoit
pitié que de mon fait, ie ne dormois
point toute nuict , mais ie la partiſ-
fois: & vne expediée, ie m'en allois
à l'autre. En fin ceſte practique m'a
faſché , ſi que ie me ſuis mis à ſuiure
les armes , à ruiner murailles, deſ-
fendre boulleuards , ſaccager pays,
mettre à rançon les payſans trouuez
au labourage, emmener vaches, bre-
bis, & pourceaux , mais ne perdons
point temps , la porte eſt fermée,
frappe viſtement, fay ouurir.
B. Tic, toc, hola, qui eſt leans.
C. I'auois en ce temps là mille
faueurs , mes coffres eſtoient plains
de chemiſes , de coiffes , de mou-

choirs, & d'autres ioliuetez qu'elles
me donnoient.

B. Que diable font ces femmes, ie
troy qu'elles n'ouuriront ia.

C. Si feront, frappe vne autre fois.

B. Tic, tac, toc.

C. Hola, follaſtre ? mais voy comme aſſeurément elle ſe mocque de
moy. Ce n'eſt qu'amitié, ouure
friande.

B. Ces mocqueries ne me plaiſent
point auant diſner, ſi i'eſtois vous, ie
me courroucerois : Hola, tic, toc.

C. Tu es vn lourdaut, ces ieux ſont
proprement la ſalade, ou la ſaulſe
d'amour, tu n'entends le meſtier.

B. Ie me contenterois d'vn diſner
poſitif ſans ceſte ſalade. Ie voy bien
que l'hoſte ne nous veut heberger.

C. Que diable eſt cecy, hola m'a-
mour, ne me tenez plus icy en aboy,
ouurez.

B. Voire, voire, vous l'ay-ie pas
bien dit ?

C. Vous me mettez en colere, ie
ietteray la porte par terre, ie vous

accouſtreray le viſage, à la Moſay-
que, ſi menu que reſſemblerez à vñe
mappe-monde. Frappe deux coups
tant que tu pourras.

B. Tic, tac, prenons party mon maiſtre, & allons diſner en l'hoſtellerie,
car l'heure de gouſter eſt deſia paſſée.

C. M'en aller, ie ne ſçay qui me tiét
que ie ne róps les dents à ces marau-
des. Ie voudrois veoir qui m'en oſe-
roit empeſcher. O Ciel ! approche,
mettons l'huys en dedans.

B. Non faites, il y à parauenture des
gés leás qui vous pourroiét offenſer.

C. O poltron, ſans courage, qui eſt
celuy qui craint ſi peu ſa vie qu'il
veuille eſtriuer contre moy ? Tac
tac, tac.

DE L'ACTE IIII.

SCENE II.

Adrian deſguiſé. Le Capitaine,
Bracquet.

Qvi eſt cet aſne qui ſi indiſcret-
tement frappe à ceſte porte?

que cherches tu, muſeau de porc?

B. Cancre, gouuernez vous ſage-
ment, nous ſommes morts, mon
maiſtre la choſe eſt faite à la main.

C. Soit, mort, fuſſent ils mille, ie
ne les crain point. Tu as menty par
la gorge, coquin.

A. Atten, atten moy poltron, que ie
t'allé creuſr la ceruelle, bouc cornu.

B. Mon maiſtre retirons nous qu'il
ne nous tue, faites ce que ie vous
dy.

C. O ciel cruel, pourquoy n'ay-ie
maintenant auec moy mon chaſtie-
fols mon eſpée, mon amy, à deux
mains, pour eſcarteller ceſtuy cy, retirons nous vn peu à quartier.

A. Ou es tu gros baudet, ou es tu
ladre crouſtellé, approche.

B. Ne bougez & me laiſſez faire,
qu'il ne vous aduiéne quelque mal-
encontre. Ha, frere, n'entrez en colere, nous ne vous demandons rien.

A. Quoy frere, ne t'approche que
ie ne te creue. Par le corps de ma vie,
meſchans, ſi vous approchez de dix

pieds ceſte porte ie vous dechicque-
teray ſi menu, que les fourmis vous
emporteront : ou penſez vous eſtre?
aſnes, indiſcrets, pendars.

B. Allon deça, il n'y à rien icy à
gaigner, allon mon maiſtre, & me
croyez.

C. Ha Ciel! qu'il me faille endurer
vn tel affront, qu'vn coquin me bra-
ué, me crie, & me chaſſe comme vn
connil.

B. Donnez luy la vie, quel honneur
vous ſeroit ce deſtriuer contre vn
marault.

C. Ce ſeul reſpect le garentit, autrement ie luy allois humer la veuë.
Ie ferois bien gageure que le malotru a piſſé en ſes chauſſes quand il
m'a veu tourner les yeux en la teſte,
regarde qu'il ne m'a pas attendu. Il
n'a pas ſi toſt mis le nez dehors, qu'il
s'eſt viſtement retiré en la maiſon,
& à fermé l'huys ſur luy, as tu veu
comme il a bleſmy?

B. Il ne faut point tant vous amuſer deuant ceſte porte, vous ne con-

ſiderez pas qu'elle gent il y peut
auoir en la maiſon. Que ſçauez vous
ſi vingt ou trente vous venoient
courir ſus ?

C. Ha connil, tu as peur, mire toy
en moy s'ils eſtoient cent fois autant
penſes tu que ie les craigniſſe?

B. Et toutesfois vous vous eſtes
retiré pour vn ſeul.

C. Ie me ſuis mis à ce coing pour
me barricader. Quand vne multitu-
de de canailles te court ſus, ſouſtien
le prémier effort, tu les chaſſeras
adonc, comme le faucon chaſſe les
pigeons.

B. Et ſi à la premiere rencontre ils
me tuent ? il n'eſt rien meilleur que
iouer au plus ſeur & s'enfuyr, viue la
poltronnerie.

C. Fuyr, Dieu m'en gard, pluſtoſt
perdre mille vies que de reculler
d'vn pas. Voicy la premiere fois, il
me ſemble quand ie me trouue aux
mains, que ie ſuis en vn banquet,
que ie ſuis aux nopces.

B. Hé, cela n'eſt vn banquet ſo-

E

lemnel il n'y a rié de bon pour vous.
C. O comme tu dis bien, ie cognois
maintenant que tu l'entends. Vn mõ
semblable ne deuroit iamais venir
aux mains, sinon pour escarteller
cent hommes, abbattre & froisser
cornettes & enseignes, & mettre
mille soldars en routte.
B. Mais qu'eussiez vous fait de la
chair d'vn tel porc ? elle vous eust
fait mal au cœur.
C. Tu dis vray. Allons chercher le
Capitaine Taillebras, le capitaine
Brisecuisse. Brafort, Cachemaille,
Pinçargent. Grippe tout, & mes
autres amis, puis retournons faire
brauade à cès poltronnes.
B. Allons, mais disnons premierement.

DE L'ACTE IIII.

SCENE III.

Constant. Fortunat. Valentin.

ES tu la Valentin ? Il n'est plus
possible que ie puisse supporter

l'infolence & trahifon de ces mefchantes, comme puif-ie efperer que
me ferue mon contract, fi nonob-
ftant iceluy la vieille carongne reçoit des prefens d'vn autre?
F. Hé, reuenez de grace feigneur
Conftant, ma ieune maiftreffe vous
en prie par l'amitié que iamais luy
auez portée, que ne foyez ialoux, &
que n'ayez, aucun foupçon fur celuy
qui eft ennoyé par vn vieillard pourry, glaireux & puant. Et quoy voudriez vous eftre ialoux de luy ? I'ay
ouy dire au Notaire que ce iour-
d'huy eft franc & n'eft comprins au
contract. Et que là ou les feriez conuenir aux confuls, que vous ne gai-
gneriez pas.
V. Par mon ame le Notaire l'entend, ce conuenir, ces confuls, font
ceux qui vous donneront le tort.
Vous ne tiendrez pas voftre courage, non ie le vous ay dit autresfois.
Trop effroyable eft la memoire &
fouuenance de ces conuenuz &
confuls.

Comme retourne le Thoreau
Deuers sa genisse amoureuse,
Au foyer la vieille frilleuse
Et le cerf au frais du ruisseau.
Comme au ieu courent les pipeurs,
A la danse la pastourelle,
Le tendre enfant à la mamelle
Et les mousches à miel aux fleurs.
Ainsi l'Amant accoustumé
Aux faueurs & à la carresse,
De son amoureuse maistresse,
Retourne en son sein bien aymé,
Soit aymé, soit ce que l'on voudra,
tant y à que l'auarice de la mere est
forte assez pour me faire conuertir
ceste amitié en hayne. Trop grande
est la despense, & trop lourdes, &
insupportables sont les iniures de
ces malheureuses nées à la malice &
à la trahison, & qui n'ont point de
foy. Qu'elles iouyssent de leurs Ca-
pitaines, de leurs fauoris, qu'elles
creuent de presens, si auront elles
quelque iour affaire du pauure
Constant, ouy

R.   Ie sçay que voulez faire mourir

de dueil la pauurette , & vous la
plaindrez apres.   Hé , feigneur
Conftant, la malice de la mere ne
doit preiudicier à la bonté de la fille
qui ne peut viure fans vous. Penfez
que c'eft elle qui vous a trouué cet
argent.

V. O la belle occafion de faire la
paix, puis que fommes recherchez
de l'ennemy. Entendez y , mon
maiftre, entendez y.

C. Paix ! qui me veut eftre amy ne
m'en parle point. Ote toy d'icy
poltron , & ne te prefente iamais
deuant moy.

F. Hé, Monfieur , que vous ay ie
fait ? ie ne vous ay iamais offencé ,
attendez vn peu.

C. Ofte toy de mes coftez mouf-
che canine, vous ne vallez tous rien.
Allons en la maifon, Valentin.

V. Allons puis que le voulez, mais
vous pourriez efpargner cefte peine,
car vous n'y ferez fi toft entré que
voudrez retourner.

C. Retourner, tu verras.

DE L'ACTE IIII.

SCENE IIII.

Fortunat seul.

O Ciel, ô sort ennemy? I'enten
la voix de ceste pauure Susan-
ne qui est en trauail d'enfant. C'est à
ceste heure que nous sommes morts
il n'y à plus de remede. C'est fait de
nous. O pauure Robert, ô Susanne
mon cœur que sera ce de vous? Par
mes fraudes & tromperies ie vous
ay mis la hart au col. O chetifs, ô
pauures innocens, vous porterez la
peine de ma malice, de mon iniqui-
té, & moy qui suis cause de tout le
mal ie me sauueray? Ha, il n'en sera
rien, car vous perduë, ie ne veux &
ne puis viure. I'ay peché & nó vous,
& par ainsi raisonnablement la peine m'est deuë. Ie me retireray seulement iusques à ce que i'entende le
succez de cecy qui ne peut estre sinó
cruel, & seló que le tout en ira ie me
resouldray de viure ou de mourir.

DE L'ACTE. IIII.
SCENE V.

Dorothée. Gillette.

C'Est vn mauuais signe, que Fortunat ne reuient point. Ie voy bien que Constant ne veut plus venir ceans, que sera ce de luy ? Que maudits soient le seruiteur, le maistre & le present qui viennent troubler nostre contentement, mais encores plus ma fascheuse mere. Que le mal luy vienne, la sale pouilleuse, le pauuret à iuste occasiõ. que maudite soit elle, & ce vieil moisy,

G. Mais toy eshontée, penses tu que ie ne t'entende pas barboter? n'as tu point de honte vilaine, ingrate, mal apprinse, presomptueuse, est ce ainsi que l'on fait à sa mere ? Mescognoissante qui ne consideres pour le bien & profit de qui ie suis auaricieuse, pour qui ie respargne. Vien ça, malheureuse respond moy, dy, parle, pourquoy

fay-ie ces chofes? à quelle fin? pour
qui? dy, pour toy ou pour moy? O
coquine, ie fçay bien que tu voudrois te prefter à ceftuy cy & à ceftuy la pour rien, te donner du plaifir, courir ou l'appetit te meine, &
au bout de l'an, plaine de chancres
& pourrie de verolle, aller mourir
à l'hofpital fans auoir denier ny
maille pour t'acheter vn morceau de
pain. Voila la fin, voila le port ou
arriuent tes femblables.

D. Hé, ma mere, ayez compaffion
d'vne pauure amoureufe. Vous
fçauez que c'eft du monde. Voulez
vous, me penfant efpargner quelque petite chofe, me faire mourir?
Cela vous femble il vn beau gain?

G. Ha fotte, ce mal demange & ne
tue pas, mais bien la neceffité, le
martel d'amour fe paffe en vne fep-
maine, mais la difette t'accompagne iufques à la mort.

D. Mais quel profit de ce prefent
rongneux qui ne vaut trois grofel-
les, pourquoy ne l'auez vous refufé,

G. Bon, refufé.

Celle qui vn prefent refufe,
Et qui trop fotte ne le pren t
Bien fouuent elle s'en repent,
Et fa grande beftife accufe.

D. Et fi ie voulois refpondre, ie trouuerois bien moyen de renuerfer ce prouerbe, car comme l'auarice vous enfeigne, ainfi l'amour m'efguife l'efprit.

La Dame que lamour affole,
Ne refufe iamais fon bien,
Apres luy toufiours fon cœur volle,
Et fon vouloir ne change en rien.

Vous ne vous fouuenez plus quel contentement c'eft que de fe trouuer parfaitement amoureufe, de quelle paix on iouyt, & quel plaifir on reçoit. Fy de l'or, fy de l'argent, vn baifer de mon Conftant vaut plus que tout le monde. Souuienne vous vn peu des vers que m'aprint l'amy à qui vous vendiftes ma tendre virginité, il ne vous en fouuient plus, & à moy fi fait.

Bié-heureux ceux qu'amour tiét enlacez,
Bien fortement d'vn Lyon volontaire,

L'effort du temps ne le sçauroit deffaire,
Ains meurent vns, l'vn & l'autre em-
brassez.

G. Ie t'ay mille fois dit, friande que
ces vers ne sont faits pour toy. Tu
te trompes sotte que tu és. Tu penses que Constant t'ayme, cela se peut
faire, ie le croy aussi. Et bien posons
le cas que son pere le marie, ou qu'v-
ne autre luy monstre bon visage, ne
te plante il pas là pour reuerdir? ne
te tourne il pas les espaules ? ouy, si
qu'il ne te donneroit vn verre d'eau.
Comment seras-tu? tu perdras doublement & l'amant, & ce que tu luy
deuois desrobber. Parquoy ma fille,
demeurôs encores sur nostre aduantage, battons à l'enuiron, menons les
mains, balloyons la maison, frappôs
le cloud, tandis qu'il est chaud du
brasier d'amour, ne laissons aucû venir ceans les mains vuydes, & qui ne
pourra donner beaucoup, qu'il dône
peu, toute chose nous est bonne, l'vn
baille de l'argent, l'autre des chaisnes
& ioyaux, l'autre des habits, l'autre

paye l'huille, l'autre le pain, l'autre le bois & le charbõ. Cependãt le monceau croiſt, la maiſon s'emplit, & la bourſe augmẽte, faiſons cõme la formis, tãdis que tu es en ta beauté, empliſſõs le grenier pour l'yuer qui approche. Voy ces cheueux blãcs, c'eſt l'yuer, c'eſt la neige, & les glaçons de noſtre aage. Tu deuiendras ainſi, i'ay eu comme toy les iouës polyes & le viſage delicat. Pleuſt à Dieu qu'é c'eſt aage quelqu'vn m'euſt conſeillée cõme ie te conſeille, i'aurois cheremẽt vendu ce que i'ay mille fois donné pour riẽ, dont ie me repens. Ou ſont maintenant les trouppes des amans qui me careſſoiẽt, ou la frequẽce des cheuaux qui enuironnoient ma maiſon? ou ſont les aubades, les reſueils, les feſtes les comedies? tout cela s'eſt eſuanoüy en fumee, à peine me daignẽt ſaluer ceux qui autres-fois m'õt adorée. Fay à ma mode, ſotte tandis que ton aage vert le permẽt, fourny la maiſon, appreſte le viatique à la viellesse, qui bien toſt changera tes

cheueux d'or en argent, te crespera
le front, aplatira tes iouës, rendra
tes leures de coral noires & baueu-
ses, flestrira les roses de ton sein, &
fera que ces deux rondes & belles
pommes qui s'enflent sur ta poictrine deuiendront lasches, & comme
deux vessies sans vent. Ne fay comme la corneille qui durant le beau
temps s'esiouyt à la frescheur, sans
se souuenir de l'hyuer prochain, &
quand le mauuais temps vient, la
malheureuse crie, se plaint, & se
desespere. Il est force que ie te dise
vn Sonet à ce propos, que i'ay apprins de Symonne d'Arimene, lors
qu'elle enseignoit sa fille comme ie
fay toy, escoute.

La corneille esuentée & la sage formis
Sont l'exemple & pourtrait de ceste
   nostre vie,
L'vne fait bonne chere en la saison fleurie
Et l'autre auec trauail, desrobe les espics.
 Mais quand le morne hyuer parres-
   seux & remis,
Couure le champ de neige & de gresle

arondie,
Ceſte là d'vn chacun ayde & ſecours
   mendie,
Et l'autre vſe des biens qu'en reſerue elle
   a mis.
La corneille tu es, ô ſotte & ſans cer-
   uelle,
Pour autant qu'au plus beau de ta ſaiſon
   nouuelle,
Tu gourmandes la fleur de tes ieunes
   amours.
Et cependant le temps qui a rien ne
   pardonne,
Fleſtrira tes beautez, puis n'auras plus
   perſonne,
Qui ait pitié de toy ſur l'hyuer de tes
   iours.
   Mais c'eſt aſſez, entrons en la
maiſon.

DE L'ACTE IIII.

SCENE VI.

Seuerin. Valentin.

Y A-il quelqu'autre qui le ſçache
que Conſtant, qui eſtoit auec
vous?

V.   Vn laquais,& encor vn notaire,
ce m'est aduis.

S.   Le laquais à-il tout ouy?

V.   Comme moy.

S.   Qui est ce laquais?

V.   C'est le frere de Robert qui à fait
le mal.

S. Vous le deuiez arrester affin qu'il
ne le dist.

V. Il ne nous en souuint pas à l'heure, le mal est que ie croy que vostre
fils à fait appeller des gens.

S.   Helas, ô Dieu!ô moy miserable!
la chose est publiée par tout, la maison est vituperée, on ne peut plus
dissimuler. A quoy és tu reduit pauure vieillard!Il te conuiendra souil-
ler tes mains en ton propre sang, à
quel mal m'a reserué mõ sort rigou-
reux,ne tient il pas le meschãt soubs
bonne garde affin qu'il ne s'enfuye.

V.   Et de qu'elle sorte, il l'eust desia
tué si ie ne l'en eusse empesché l'ad-
monnestanr qu'il se conseillast auec
vous

S. Et quel conseil luy puis ie don-

ner en ces choses sans conseil? Que
peut on faire autre chose sinon cou-
per la gorge à l'vn & à l'autre, affin
que le monde y prenne exemple.
V. Mon maistre souuenez vous que
vous estes reputé estre le plus sage
homme de ce quartier, ne vous donnez ainsi en proye à la douleur, vostre fille est elle la premiere? ventre
saint gris n'en y-a il pas d'autres
qu'elle?
S. O Susanne, Susanne, flambeau
& ruyne de ta maisõ, ennuy & mort
de ton miserable pere, blasme eter-
nel de ton frere.

DE L'ACTE IIII.
Scene vii.

Adrian.   Le Medecin.

Vous tremblez que le cancre
vous mange amoureux d'esta-
filades, vous auez peur.
M. Peur, tu ne me cognois pas, il n'y
eut iamais en toute l'vniuersité esco-
lier pl' mauuais que moy, i'estois vn
diable, iamais ie n'arrestois en pla-

ce. C'est le froid qui me fait trebler,
A. Cheminez donc & vous hastez
afin de vous eschauffer.
M. Par le ventre d'vn bœuf, si ie
ne l'auois promis, ie n'yrois ia, mais
quoy? la chetiue se desespereroit. Elle
ne dormiroit point toute nuict.
A. Mort que i'atten, on ne se peut
mieux mocquer des Dames, que
n'aller ou elles attendent, ne les
trompez point.
M. Et si ces soldars que i'ay tantost
veu me disent pis que peste?
A. Ha, ha, ha, que leur auez vous
fait?
M. Comme participant de la mocquerie, ayant fait semblant que ie-
stois le Medecin en ce supposé ac-
couchement.
A. Il n'y à point de danger en cela.
M. Ce sont parolles. Soldars, hé,
soldars, appren moy à les cognoistre, ils iouent des mains à tors & à
trauers.
A. Qui leur ouurira la maison?
Pensez vous qu'elles soient si grües

que

que de les laisser entrer? n'ayez peur,
l'iray deuant & vous donneray toui-
iours le loisir de vous sauuer, n'ayez
crainte, peu de courage.

M. Peu de courage, ce n'est la crainte qui me fait faire cela, mais la consideration, pense tu que s'il falloit
iouer des cousteaux que ie ne voulusse estre de la partie?

A. Venez donc, prenez resolution,
vous tremblez.

M. Atten, ie te prie, il m'est venu
enuie d'aller à mes affaires, ie reuiendray incontinent.

A. C'est asne fiente de pœur. Si ce
n'estoit que i'ay promis à ma maistresse de le faire prendre à ce soir, ie
laisserois le poltron faire à sa reste,
mais ie l'esguillonneray tant qu'il y
viendra. Ce vieil radoté à plus de soixante ans, & veut deuenir amoureux
puis chie en l'ordon. Ie veux entrer
& le faire sortir.

F

DE L'ACTE V.

SCENE I.

Adrian. Le Medecin deguisé en maçon.

CHargez proprement ceſt auget ſur vos eſpaulles, & le tenez bié, vous tremblez, il ſemble qu'ayez la fieure quartaine.

M. Eſt il bien?

A. Plus haut, ainſi, mais ne tremblez point.

M. Ceſt habit ſent trop ſon mecanicque, ie ne voudrois pas pour ie ne ſçay combien qu'il fuſt ſçeu. En fin ie n'ay pas le courage de me preſenter à elles en ceſte façon, cela repugne trop à ma profeſſion.

A. Amour n'a reſpect ny à mortier ny à cyuette, ces choſes ſont de ſes fruicts.

M. Comme eſt il poſſible que ie leurs puiſſe plaire en ceſt habit.

A. Si elle vous aymét de bon cœur

vous leur plairez en tous habits, si elle cherchent le profit elle le prennent en la bourse mesme.

M. Ie te dy que ie ne me plais point
aller de nuict.

A. Ie le croy, mais puis que l'auez
promis.

M. Ie l'ay promis, & m'en repen.

A. Hé, venez ça, que diable voulez
vous que ces soldars facent d'vn
maçon.

M. Et si ie suis cogneu n'ayant ny
le langage ny les façons de faire d'vn
tel homme?

A. Ne sçauriez vous faire l'indiscret,
l'asne.

M. Comme fait on, enseigne moy.

A. Suiuez vostre naturel, vous n'aurez pas grand peine.

M. Or bien, puis que ie l'ay promis
ie veux plustost mourir qu'y faire
faute, marche deuant & me say signe
si tu voy quelqu'vn de ces couppe
larets.

A. I'y vas.

M. Escoute Adrian, es tu sourd, que

diray-ie si quelqu'vn me demande
que ie fais là.

A. Ha ha ha, que vous y estes pour
boucher les trous.

M. Et appprochant doy ie chanter,
ou non?

A. Chantez, car vous fredonnerez
fort bié, puis que la voix vous tremble au corps.

M. Cheuauche, cheual bastard.

A. Ha ha ha, venez venez il n'y à
personne.

M. Dieu soit loué.

DE L'ACTE V.

SCENE. II.

Seuerin.   Patrice.

BRef, l'esprit tient beaucoup du
diuin, car souuent il preuoit de
loin ce qui doit aduenir, & encores
plus de nuict quand on dort, parce
qu'adonc, deschargé du gouuernement de ce corps, qui l'aggraue assez

de iour, se peut mieux recognoistre
soy mesme, & faire diuines opera-
tions, parquoy ce n est de merueilles,
si tant souuent nous voyons de nuict
en songe ce qui apres nous aduient
de iour. Ie songeois ceste nuict qu'vn
chié mastin m'auoit mordu la main
gauche en trahison, & que ie l'auois
prins par le col, pour m'en vanger,
mais comme ie le voulois froisser
contre terre, il s'est changé soudain,
& ie ne sçay comment, entre mes
mains, & est deuenu petite chienne
si belle & gentille, qu'en ayant prins
pitié ie n'ay eu le courage de luy faire mal. Ce pendant icelle croissant
tousiours en beauté me leschoit fort
doucement la main dextre, me faisát
infinies caresses & de la teste & de la
queuë. Ma douleur estoit grande,
& grande la pitié que i'auois d'elle,
mais encores plus grãde la douceur
& contentement que ie receuois de
ce leschement de main droicte. Voicy comme se verifie ce que le songe
parmy les fumées & ombres incom-

prehenſibles m'a monſtré. Le chien
maſtin qui en trahiſon ma mordu la
main gauche n'eſtoit autre choſe
que ce traiſtre Robert, la main gauche bleſſée eſtoit ma fille deshono-
rée. quand i'ay prins le chien par le
col, c'eſt à dire Robert, me penſant
vanger de l'iniure qu'il m'a faite, &
que ce pendant il s'eſt changé entre
mes mains & eſt deuenu petite chié-
ne, c'eſt à dire vne pucelle, ie n'enten pas encor que veut ſignifier le
leſcher de la main droite. Il ſe peut
faire que c'eſt de mon fils qui eſt mõ
bras droit & le ſouſtien de ma vieil-
leſſe. Mais de ce ſonge me demeure
vn plus grand doubte que iamais,
qui eſt comme il peut auoir vitupe-
ré ma fille, veu que ie ſçay viſiblement qu'il eſt femelle. Il faut donc
que ce ſoit vn autre chien qui m'ayt
mordu la main gauche. Patrice m'en
eſclaircira, lequel i'ay laiſſé auec Cõ-
ſtant, affin que luy mettant deuant
les yeux que Robert eſt femelle, il
connainque & combatte l'opinia-

ſtreté de Suſanne qui remet la coulpe de ſon impudicité ſur Robert
pour lequel l'impoſſible combat &
le deffend. Ie ne ſçay qu'en dire, il
en ſçaura la verité. Car comme la
meſchante verra l'impoſſibilité de
Robert, il faudra qu'elle change de
propos & qu'elle côfeſſe eſtre men-
teuſe. Ie ne m'y ſuis pas voulu trouuer affin de ne ſembler eſtre pere
plus mol & pareſſeux que l'acerbité
de l'iniure ne le requiert. Mais voicy Patrice, ie le veux arraiſonner. Et
bien vous retournez bien reſolu, que
dit ceſte ribaude, ennemie de ſon
honneur, & homicide de ſon pere?
Qui eſt l'amoureux qui à couché
auec elle?

P. Elle ne vacille point, elle dit touſiours que c'eſt celuy meſme qu'elle
à nommé dés le commancement.

S. Qui, Robert? ô l'effrontée penſe
elle que ie ſois deuenu veſcie? veut
elle creuer les yeux à la verité? me
paiſtre de l'impoſſiole. Ne les auez
vous pas confrontez l'vn côtre l'au-

tre ? Qu'à elle dit quand elle a sçeu
que Robert est femme comme elle,
comment se veut elle sauuer?

P. Voicy vn cas qui vous remplira
de merueille & d'estonnemét. Croi-
riez vous que Susanne la vaincuë
d'argumens, de raisons, de lieux, de
temps. Car elle dit, tu parlas à moy
en vn tel lieu, tu me dis telle chose
en tel iour, ie fus auec toy à telle
heure, tu m'embrassas, nous com-
mançames par telle occasion, tel accident nous aduint C'est autre oyant
ces raisons se taist, se plaint, pleure &
le confesse tacitement, toutes fois
comme vous voyez l'impossibilité le
deffend. Salomon ne sçauroit tirer
conclusion de ceste chose.

S. Ah, meschans, ie la tireray bien.

P. Et comment? vous y aurez fort
affaire.

S. Les empoisonnant l'vne & l'autre ie m'en despescheray, l'vne parce qu'elle a fait vn enfant sans mary,
l'autre pource qu'elle nie ce dont
elle est accusée.

P. Prenons le cas que tout ce que
Sufanne dit foit vray , vne fille ne
peut elle baifer & toucher vne autre,quel mal y a-il? quelle deshon-
nefteté! les femmes ne fe baifent elles pas l'vne l'autre tous les iours en
nos prefences?

S. Deuoit elle faire cefte lafcheté?
eftre femelle & comme mafle feruir
par plufieurs années en vne maifon
noble & honorable? vn homnefte
homme ne peut & doit il pas fe vanger d'vne telle malheureufe que cefte cy?

P. N'auez vous pas entendu l'occafion pourquoy elle la fait?

S. Et ne fçauez vous pas pourquoy
elle ne le deuoit faire?

P. Prenez garde Seuerin, que le
coup de cefte voftre cruauté ne tue
quant & quant Conftant voftre fils
vnique.

S. Si vous le fçauiez bien,il y a long
temps que luy mefme euft prins la
vengeance n'euft efté le refpect qu'il
me porte,vous l'auez trouué. Il eft

F v

plus ialoux & fascheux és choses
d'honneur que ie ne suis pas. Pleust
à Dieu qu'il me ressemblast aussi bien
en autre chose qu'en ceste cy. Ie sçay
qu'il n'aura pitié de qui nous à tant
offensé.

P. Que direz vous quand le verrez
pleurer à chaudes larmes à ceste occasion?

S. Pourquoy?

P. Genieure luy à descouuert la
grande amitié qu'elle luy a tousiours
portée, luy ramenteuant d'vne admi-
rable pitié & grace, les diuers acci-
dens de ses amours dequoy le pauuret s'est tellement attendry le cœur
que si Genieure meurt il veut mourir aussi. Le pauure ieune homme
vaincu des larmes qui en grande
abondance lauoient le visage de Robert meu encores par la nouueauté
du faict. Et considerant combien
grande estoit l'amour que ceste fil-
lette luy portoit, se desesperé, se
plaint, se fasche de sa tardité, accu-
sant sa trop grande patience. Ceste

autre luy reiette la coulpe, luy re-
mettant en memoire tout ce qu'ils
ont fait & dit par enſemble. Que
voulez vous? le pauuret maudit l'a-
mitié qu'il a porté a la Courtiſanne,
car elle a eſté cauſe qu'il à veſcu ſi
long temps en tenebres.

S. Voicy, Robert eſt la petite chienne qui me leſche la main droite &
faict careſſe à Conſtant qui n'eſt ſeulement ma main, mais mon œil &
ma vie. Toutesfois ie ne croy point
qu'en luy ſoit vne ſi grande laſcheté
de cœur.

P. Entrons, & vous verrez qu'ils
pleurent à qui mieux mieux, ceſte là
luy raconte ſes ennuis, & les tour-
mens qu'elle a endurez pour luy, &
luy ſe plaint de ce qu'elle ne s'eſt
baillée pluſtoſt à cognoiſtre, l'vn
pend au col de l'autre & doucement
ſe careſſent, qui les verroit en pren-
droit pitié. Mais les voicy, retirons
nous vn peu & les voyons faire.

DE L'ACTE V.

SCENE III.

Constant. Robert.

HElas m'amour essuye tes larmes
conforte toy , tes pleurs me
tuét mon cœur: ne me fay plus pleurer, me ramenteuant ce que ie touche de la main, ie voy, ie cognoy, l'infinie amitié, que m'as porté, mais
comme des long temps ceste amitié
t'a fait mienne, aussi maintenant la
mesme m'estraint & me dõne à toy,
Amour veut que tu sois mienne puis
que ie suis tien, suffisent les iniures
que ie t'ay faites dont ie te crie mercy, & de tant d'ennuis que tu as souf-
fers à mon occasion, hé ! ne te tourmente ainsi mon cœur, ce qui sera de
toy sera encores de moy, fay ce que
ie te dis, pren courage, & allõs trouuer mon pere lequel ou se contente-
ra que tu sois ma femme, & que Su-

sanne espouse Fortunat ton frere, ou
ie ne viuray plus, si ie ne puis plier sa
durté, ce me sera plaisir de mourir
auec toy, pren courage.
R. Helas Monsieur, ie vous supplie
ne me fa re point sortir, le cœur &
les iambes me faillent.
C. Doncques tu as si peu de fiance
en moy.
R. O Dieu! i'accable soubs ceste
grande faueur que vous me faites.
C. Hé, ie te prie vien, dequoy as tu
peur.
R. Helas! ie suis si debile que ie ne
puis soustenir le grand faix de l'esperance que me donnez, & puis l'erreur que i'ay commis en vostre mai-
so, & la lourde iniure de vostre sœur
me mettent en deffiance & menas-
sent de mort.
C. Hé, ne pleure plus.
R. Helas, vostre pere ne tiendra
compte de mon merite enuers vous,
mais bien se souuiendra de mes fau-
tes. Mais helas, i'ay ouy du bruit, ie
crains qu'il ne vienne, ie m'en vas.

C. Atten vn peu.
R. Ie ne puis.

DE L'ACTE V.

SCENE IIII.

Regnier.　Anselme.　*Vieillards.*

IE croy par l'effect, que celuy qui premier trouua l'art de la guerre auoit l'estomac de fer, & l'esprit de feu, & hazarda sa vie à la mercy de plusieurs & diuerses sortes de morts. Que maudite soit la rebellion, & les fauteurs d'icelle, car tous nos malheurs viennent de là. Iesvs, combien d'incommoditez, combien de perils ay ie encouruz à ceste occasion, la pensée seulement m'en fait venir l'eau au front. Ie ne suis pas ce me semble encores bien asseuré, cõbien que ie sois entre tant d'honnestes personnes.

An. Ie pense qu'on ne sçauroit trou-

rer vn exéple plus miserable que le
mien, ny homme plus trauaillé que
moy qui pour euiter les guerres
plusque ciuilles, allumées en la
France par les François mesmes,
l'ay par sept ans entiers esté dete-
nu prisonnier entre les lyens de
diuers voleurs & a diuerses fois,
ou i'ay vescu vne vie sans vie Et
ce qui me tuoit le plus en ma captiuité estoit les regret que i'auois
d'auoir laissé à la mercy des Tirans
& de la famine deux miens enfans
sous la conduite d'vne bonne vieille
qui mourut incontinent apres mon
depart. Or maintenant qu'il a pleu à
Dieu me racheter de la main de ces
fiers & cruels Barbares. Et ayant apprins de vous que mon fils Fortunat
est en ceste ville, i'y suis venu pour le
thercher, & premieremét pour rédre
graces à la diuine bonté de ma deli-
urance, & que mon fils est viuant.
R. Ie le laissay en ceste ville sain &
sauf, & comme par le chemin ie vous

ay tant souuent dit, l'autre encores
nommé Robert lequel demeure
chez nous.

A. C'est ce qui me trouble & tient
mon esprit en suspens, & ne puis
croire que ce soient mes enfans. Car
ie n'euz iamais qu'vn fils & vne fille
nommée Genieure.

R. Ie ne sçay que Fortunat appelle tousiours Robert son frere, & Robert de mesme. Et comme tels s'ayment & se visitent souuent, Et qui
plus est se ressemblent tant, qu'il est
impossible croire autrement.

A. Helas mon Dieu c'est ce qui me
tourmente, la nuée de mon allegres-
se se va descouurant peu à peu, car
voicy s'approcher le Soleil de verité.
Si Robert est frere de Fortunat mon
contentement s'esuanouyt, & toutes
mes esperances se consomment en
fumée. Allons ie vous prie, car l'in-
supportable desir que i'ay de m'en
esclaircir me cuit la poitrine plus
que ne pouuez penser vne heure me
dure mille ans. Enseignez moy vn

peu la maison de ceste femme ou
vous dites que Fortunat demeure.
R. Il n'y à pas loin de nostre logis
passons par la ie la vous monstreray,
& qui plus est ie vous enuoyeray
Robert si tost que seray arriué.
A. Ie ne me soucie point de ce Robert sinon pour l'amitié & ressem-
blance qu'il a auec Fortunat.
R. Voyez vous ceste porte qui est
à ce coin?
A. Ouy.
R. C'est là où demeure vostre fils.
A. Pleust à Dieu que ce soit le mien,
ie vous laisseray donc, vous remer-
ciant de l'amiable compagnie que
vous m'auez faite. Et si ie trouue
mõ fils, ie vous promets que ie vous
feray vn present qui vous rendra
contant.
R. Nous nous reuerrons, ie vous
iray trouuer. Dieu vueille que Robert soit encor vostre, autrement ie
parie sa perte pour cela que ie vous
ay dit. A Dieu.
A. A Dieu, Ie n'ay que faire de luy,

car il n'eſt ne peut eſtre, & ne veux
qu'il ſoit mien.

DE L'ACTE. V.

SCENE V.

Anſelme. Silueſtre. Gillette.

IE recognoiſtray bien mes enfans ſi
toſt que ie les verray, car ny mes
fortunes, ny ma captiuité, ny leur
ſeruitude, ny le temps ne me les ont
peu oſter de la memoire. Il me ſemble que ie les voy tous deux beaux,
vermeils, gentils, le viſage rond, les
yeux noirs, bref tels qu'ils donnoiét
enuie à vn chacun de les veoir. Au
moins ſi ie pouuois retrouuer le garçon, mais il m'eſt aduis que ce ſera
quelque autre parauenture de mes
voiſins qui aura vn pareil nom, ce
qui ne peut eſtre autrement s'il a vn
autre frere. Mais ce ne ſera mal faiĉt
que ie frappe à céſte porte affin de
m'en eſclaircir. Tic, toc.

Sil. Qui est là? ho, c'est vn estranger
Madame venez, vn oyseau passager
s'est venu mettre en vos rets, ho, il est
vieil, il sera bien dur à cuyre.

G. Cela n'importe, il sera meilleur
potage, pourueu qu'il se laisse plumer

A. Corps de diable, me voicy bien
arriué, ceste cy parlent desia de me
plumer, mais elles n'y gaigneront
gueres. Car tant plus l'oyseau est
vieil, d'aurât plus mal aysement laisse il la plume.

S. Que demâdez vous hôme de bié?

A. Ie desire parler à vous.

S. Attendez ie vous vas ouurir la
porte.

A. I'atten. Si Fortunat à long temps
esté nourry en ceste maison, ie m'at-
té qu'il aura aprins beaucoup de bié,
mais voicy qu'ó ouure l'huys, & tou-
tes-fois ie ne voy point Fortunat.

G. Que cherchez vous Monsieur,
vous ne me semblez pas estre de ceste ville. Est il pas vray?

A. Ie suis d'Orleans, & ne fais que
d'arriuer.

G. Vous estes marchant?

A. Ouy.

G. Quel est voftre trafic?

A. Nul à cause des troubles, mais auparauant ie trafiquois à Paris à Lyon, par toute la France & l'Italie & mefmes iufques en leuant.

G. En leuant, allez, vous ne nous estes pas bon, aucun n'entre ceans qui ne trafique en ponant, nous auós affaire d'hommes qui nous donnent & non qui emportent.

A. Si vous auez quelque chofe qui m'appartténe, ne me le voulez vous pas rendre d'amitié?

S. Voyez vn peu, il a peut eftre dó- ne ton cœur, & il le veut r'auoir.

A. Vous dites bien, ie cherche mó cœur & mon ame.

S. Que vous ay ie dit?

G. Nous ferons tantoft d'accord, vous fçaurez de nós affaires, & nous fçaurons des voftres.

A. Il ne vous couftera rien d'eftre les premieres à me faire plaifir, mais

premierement escoutez ce que ie
cherche.

G. Nous vous entendons trop,&
vous ferons plaisir de nostre mar-
chandise, pouruea qu'encor vous
nous faciez plaisir de la vostre. Vous
ne receurez parauenture en lieu de
ceste ville plus de plaisir & de contentement que ceans.

A. N'y à-il pas icy vn ieune garçon
qui a nom Fortunat?

G. Ouy, que luy voulez vous?

A. Ie l'ayme plus que personne du
monde.

G. D'où vient ceste amitié, dites frã-
chemēt luy attouchez vous en quelque chose?

A. Ie suis son parent,& le cherche
pour son bien & profit.

S. Son parent?

A. Ouy, sans faute. Que diriez vous
si i'estois son pere?

S. Ho,ho, son pere est mort il y à
long temps, allez allez, si ne voulez
autre chose.

A. On m'a bien tenu pour mort,

mais Dieu mercy me voila, ſi ne le
voulez croire, confrontez le moy, &
vous verrez s'il me recognoiſtra.
S. Laiſſez le entrer.
G. Entrez.

DE L'ACTE V.

SCENE VI.

Patrice.   Regnier.

ESt il poſſible qu'il ſoit tant riche
comme vous dites?
Re. Encores plus, voyez, ie ne me
trompe point, i'en ay parlé à plus de
cent marchans qui le congnoiſſent,
qui m'ont dit, que ſans ces maudites
guerres icy, & ſa priſon il ſeroit
deux fois plus riche qu'il n'eſt.
P. Vous à il dit qu'il auoit deux enfans l'vn maſle & l'autre femelle?
qu'ils n'eſtoient aagez que d'vn an
l'vn plus que l'autre? qu'il les laiſſa
en la garde d'vne vieille qui les veſtit
d'vne meſme pareure, & ſorte d'ac-
couſtremens? Qu'il a eſté priſonnier?

que la fille à nom Genieure?

R. Ouy vous difie, & tout par le menu, mais il n'a voulu aduoüer Robert pour fon fils, par ce que ie luy affirmois qu'il eft maſle.

P. La chofe eft affeurée, ô comme elle eft arriuée à temps! Que dites vous de cefte finette Genieure, qui a toufiours efté opiniaftre, & n'a iamais voulu accufer fon frere, iufques à ce qu'elle a efté affeurée de la venuë de fon pere? Et de Sufanne qui s'eft laiffé engeoller & introduire en fa chambre Fortunat pour Robert, le monde s'affine tous les iours.

R. Quoy qu'il en foit la chofe femble incredible, & toutes fois elle eft veritable, mais voicy Anfelme.

DE L'ACTE V.

SCENE VII.

Anfelme. Patrice. Regnier.

BOn foir, ie me fuis bien arriué auec ces femmes qui fe moc-quent de moy.

P. Noſtre maiſtre, le Sire Seuerin vous prie le venir trouuer tout à ceſte heure, pour vous dire quelque choſe qui importe de beaucoup.

R. Venez ſi voulez recognoiſtre vn de vos enfans.

A. Qui Fortunat?

R. Non, l'autre.

A. Ie ſçay bien que iamais ie n'eu qu'vn garçon.

R. Venez auec nous, car nous voulons vous bailler le maſle & la femelle ſains & ſauues. Que voulez vous d'auantage?

A. O Dieu eſt il poſſible! à peine le croy ie, allons viſtement.

P. Ne dites ainſi, mais bien qu'il ſera en ſa puiſſance, s'il veut, de les auoir ſains & ſauues.

A. Helas, pourquoy ſont-ils en quelque danger?

P. Venez auec nous, vous ſçaurez tout.

A. Dites moy ie vous prie, qu'eſt-ce que d'eux.

P. Ce qu'il vous plaira, que voulez

lez vous ? Or voicy noſtre maiſon,
entrez Regnier faites incontinent
venir Fortunat, peut eſtre qu'il s'en
ſera enfuy de peur, trouuez le & l'aſ-
ſeurez entierement.

A. Ie croy qu'il eſt en la maiſon,
mais ces femmes ſe vouloient mocquer de moy.

R. I'y vas veoir, tic, toc.

DE L'ACTE V.

Scene VIII.

Silueſtre. Regnier. Dorothée.

Qvi eſt là ? ho, ho, c'eſt Regnier
de chez Conſtant. Que cherches tu ?

R. Faites viſtement venir Fortunat,
car ie luy apporte les meilleures
nouuelles du monde.

S. Eſt il vray que ce vieillard eſt ſon
pere ?

D. Que cherches tu Regnier ?

R. Voſtre Fortunat pour le rendre

le plus contant homme du monde.

D.   Ce vieillard est il son pere?

R.   Sans doubte, & sçauez vous comme il est riche?

D.   Riche !

R.   Très riche.

S.   Ie te prie ne nous trompe point, il ne vouloit pas qu'on sçeust qu'il est ceans.

R.   Hé faites le venir en asseurance, car voicy son bien. Dites luy pour enseignes que sa Susanne sera auiourd'huy sa fiancée, & que mon maistre Constant espousera Genieure sa sœur, puis qu'ô en est contât.

S. qui est ceste Genieure?

R.   Nostre Robert.

S.   Quel Robert?

R.   Le laquais qui venoit tous les iours ceans.

D.   O malheureuse que ie suis, Robert est femme, nous auons perdu vn amy si ton maistre se marie. Ce sera bien fait de prendre garde à moy, & ne perdre de tout point le Capitaine. Ie vas enuoyer vers luy.

DE L'ACTE V.

SCENE. IX.

Fortunat.   Regniet.

Q Voy, mon pere est viuant?
R. Vous l'ay ie pas dit, il est
icy.

F.   En quel lieu?

R.   En nostre maison.

F.   Veut il bien que Susanne soit ma
femme?

R.   Ouy, vous disie.

F.   Et que ma sœur Genieure espouse Constant.

R.   Ouy!

F.   O Iour heureux? ô moy Fortuné,
ie te prie ne me trompes point.

R.   I'en serois bien marry, l'affaire
va bien.

F.   O comme ie te recompenseray.

R.   Dieu le vueille.

G ij

DE L'ACTE V.

S°CENE X.

La femme du Medecin. Adrian.
Lyonnelle feruante en dehors.
Le Medecin. Dorothée. Gillette.
Siluestre en dedans.

Egarde bien que tu fais, Adrian,
ne me meine point dehors fi tu
n'en es bien affeuré.

A. Ha, ie fçay bien ou i'ay les pieds,
penfez vous que ie vous l'euffe voulu dire, fi ie n'en eftois affeuré, venez
vous dif ie.

Fem. Que ce vieil chancy de mon
mary fe enyure?

A. Il s'ennyure.

Fem. Qu'il m'a defrobbé vne robbe
pour la donner à vne putain !

A. Il l'à defrobbée.

Fem. Qu'il luy à donné plus de
vingt efcus depuis trois iours en ça?

A. Il les luy à donnez.

Fem. Ie ne le puis croire. Et toutesfois tu t'offres de me le faire veoir.

A. Ie le vous feray veoir.

Fem. O Chetiue que ie suis! côbien
me trompe ce malheureux, ie pésois
auoir vn mary sobre, côtinent, homme de bien, & sur tout amy de sa
femme.

A. Et vous auez vn mary, yurongne,
incontinent, vostre ennemy mortel,
& amy des putains.

Fem. O Dieu, comme cela se peut-il
faire? ie ne le croy pas.

Ly. Madame, ne vous le disois-ie
pas bien, donnez vous du bô temps,
iouyssez encores des plaisirs de ce
monde, que vous en semble? Ces maris sont tous meschans, leurs femmes leur semblent fiel, & toutes les
autres sont miel, que le diable l'em-
porte.

Fem. Voila, le meschant alloit tous
les iours soupper chez Gautier, chez
Martin, auec cestui cy, auec cestui-là,
pour mieux lescher le cul à sa vilaine.

G iij

Ly. Ie vous l'ay toufiours bien dit.

Fem. O moy malheureufe!combien l'ay-ie dorelotté la nuict péfant qu'il euft employé toute la iournée à vifi-ter des malades, hanter les bontic-ques des Apoticaires, couru toute la ville,& qu'à cefte caufe il fuft laffé,& qu'il auoit befoin de repos,comme il auoit le ruffié : mais c'eftoit pour s'e-ftre trop trauaillé és iardins d'autruy laiffant celuy de fa maifon en friche.

A. Allons,ie le vous feray furpren-dre à l'impourueu , & vous verrez beau ieu.

Fem. Allons.

A. Arreftez icy.

Fem Qu'y à-il?

A. Si vous voyez voftre mary en fuppõ auec vn chapeau de fleurs fur tefte a demy yure,couché au giron ne dame, le cognoiftrez vous?

Fem. Pourquoy non?

Fem. Entre mille.

A. Venez ça, hauffez vous vn petit, mettez icy vn pied,que vous enfem-ble? le cognoiffez vous ? penfez vous

cela eftre vifiter les malades, hanter
les boutiques des Apoticaires,&cou-
rir par la ville?

Ly. En bonne foy c'eft luy mefmes.

Fem. Helas ie fuis morte,ha traiftre.
Entrons leans,car ie ne puis endurer
m'eftre fait vn fi grand tort, & en tirons le poltron par les cheueux.

A. Attendez, efcoutons vn peu auparauant qu'ils font, affin que me
croyez mieux vne autre fois.

Do. Embraffez moy ma vie, ferrez
moy fort, que diroit voftre femme,fi
elle vous voyoit ainfi enlaffé auec
moy?

M. Le mal an Dieu luy enuoye la
vilaine,la puante, la forciere.

Ly. O pauure moy ! auez vous ouy?

Fem. Laiffe faire, qu'il vienne en la
maifon, le marault, c'eft toy qui es
es puant, vilain.

A. Que vous en femble? ft, paix ef-
coutez,vous en oyrez bien d'autres.

G. Verfe moy à boire Silueftre, ie
meurs de foif.

S. Il eft raifonnable, ie beuray bien

G iiij

auſſi vn coup, ô que cela me fait grãd
bien, voila de bon vin.

Ly. Et nous, beuuons du ripoppé.

G. Emply bien, apporte, Monſieur
le Medecin ie boy à vous.

M. Grand mercy ma mere, ie vas
boire à toy mon cœur, mõ petit œil,
baiſe moy deuant.

Fem. O chetiue que ie ſuis ie me
meurs, de quel courage ce meſchant
la baiſe-il,

M. O Halaine ſuaue & douce, ô
ame delicate, ie ſens bien que ce ne
ſont pas des baiſers de ma femme.

D. Quoy l'halaine luy put elle?

M. Vne charongne, vn retraict n'eſt
pas plus puant, ô qu'elle mort quand
il faut que ie l'accolle.

A. Que vous enſemble madame,
auez vous ouy?

Fem. Il ſeroit meilleur au putier
qu'il ſe fuſt mordu la langue.

A. Taiſez vous, ſt, ſt, ſt.

D. Et comment l'aymez vous ſi elle put ſi fort?

M. Comment ie l'ayme, ie vous

drois qu'elle fuſt morte il y à dix
ans.

Fem. Ie ne me puis plus tenir, ie
n'en ſçaurois plus endurer, va t'en
Adrian, A Dieu.

A. A Dieu.

Fem. Ie ne ſuis encores morte Traiſtre, ie veux viure pour ta penitence
yurógne, ruffien, ladre. Eſt cecy l'hó-
neur que tu me fais? Si ie te le pardonne, Tu as menty par la gorge.

M, O, ho ma femme, bon ſoir, bon
ſoir.

Fem. Tu te ſouuiens maintenant
yurongne, que ie ſuis ta femme, il
ny a pas long temps que tu ne diſois
pas ainſi.

M, De grace ne vous faſchez point
ie vous prie, mon cœur.

Fem. Que ie ne me faſche point, ſi ie
ne te paye, ſi ie ne t'é fais repétir, hors
d'icy amoureux de merde, debout
ſot, debout en la maiſon.

M. Ie ſuis perdu.

Fen. Ains trouué au bordeau au
giron des putains, meſchant, vilain,

aſne baſté, tu es encores à conuer,
debout amoureux baueux, debout en
la maiſon.

M. Miſerable que ie ſuis.

Fem. Tu ne te trôpes pas non, debout amoureux tranſi, glaireux, mor-
ueux, debout puant, en la maiſon.

A. Mon maiſtre eſt mort, il vault
mieux que ie voiſe faire faire ſa foſſe.

M. Pardonnez moy ma femme, ie
ſuis mort.

Fem. Conte vn peu bel eſtron, comme l'halaine de ta femme put. C'eſt à
toy qu'elle put chācreux, plus qu'vn
ſepulchre ouuert, l'halainé me put
viel poüacre, tu en as menty, viel ra-
dotté.

M. Ie me mocquois.

Ly. Vous ne vous eſtes pas mocqué
quand auez deſrobbé la robbe pour
la donner à ceſte verollée, à ceſte
truande eshontée, viel fol, qu'il faut
en ceſt aage que voſtre femme vous
vienne tirer du bourdeau. O la belle
choſe?

Fem. Leue toy Carongne pourrye,

leue toy demeurant de fumier, & va
en la maiſon. Et quand à ces miſera-
bles qui s'en ſont fuyes, ie les empeſcheray bien de rire. Marche amoureux de paille, marche, ie ne ſçay qui
me tient que ie ne t'arrache les yeux.
M. Pardonnez moy pour ceſte fois,
ie ne le diſois pas de bon, par ma foy,
l'ordinaire des maris eſt de dire mal
de leurs femmes en ſe iouant.
Fem. Que ie te pardonne, rien rien,
faiſons du pis que nous pourrós l'vn
l'autre. Tu trouueras des garces, &
ie feray ce que ie ſçauray faire. Ie ne
veux plus me tourmenter pour vn
viel ſot tout pourry, puis que la choſe doit ainſi aller, va, fay à ta mode ie
ne t'en empeſcheray pas poltron
yurogne, meſchát cherche vne femme à qui l'halaine ne puë point, & ie
me pouruoyeray d'vn homme qui
ſoit plus gaillard que toy, & qui ne
porte point de brayers,

FIN.